Thomas Kruchem

Wie Menschen weltweit das Klima retten

Solar-Pioniere, Wald-Macher, Wasser-Kämpfer

Geleitwort von Franz Alt

Brandes & Apsel

Auf Wunsch informieren wir Sie regelmäßig mit unseren Katalogen »Frische Bücher« und »Psychoanalyse-Katalog«. Wir verwenden Ihre Daten ausschließlich für die Zusendung unserer beiden Kataloge laut der EU-Datenschutzrichtlinie und dem BDS-Gesetz. Bitte senden Sie uns dafür eine E-Mail an info@brandes-apsel.de mit Ihrer Postadresse. Außerdem finden Sie unser Gesamtverzeichnis mit aktuellen Informationen im Internet unter: www.brandes-apsel.de sowie www.kjp-zeitschrift.de

1. Auflage 2020

© Brandes & Apsel Verlag GmbH, Frankfurt a. M.

Lektorar: Hannah Bayer, Brandes & Apsel, und Cornelia Wilß
DTP: Brandes & Apsel Verlag
Umschlag: Brandes & Apsel Verlag unter Verwendung eines Fotos von Thomas Kruchem
Bilder im Innenteil: Abb. 1, Abb. 3, Abb. 5–11, Abb. 13 und 14, Abb. 16–32, Abb. 34–44, Abb. 47–94: Thomas Kruchem; Abb. 2, Abb. 12, 15: Patrick Reimers; Abb. 4: Alexander Karl; Abb. 33: Red Habitat; Abb. 45 und 46: World Vision
Karten: StepMap GmbH
Druck: STEGA TISAK d. o. o., Printed in Croatia
Gedruckt auf einem nach den Richtlinien des Forest Stewardship Council (FSC) zertifizierten, säurefreien, alterungsbeständigen und chlorfrei gebleichten Papier.

Bibliografische Information der Deutschen Nationalbibliothek:
Die Deutsche Nationalbibliothek verzeichnet diese Publikation in der Deutschen Nationalbibliografie; detaillierte bibliografische Daten sind im Internet über www.ddb.de abrufbar.

ISBN 978-3-95558-277-7

Inhalt

Solarstrom ist Sozialstrom!
Geleitwort von Dr. Franz Alt

Alle Regierungen dieser Welt setzen auf materielles Wachstum, das es in einer endlichen Welt jedoch niemals geben kann. Wir können uns spirituell, geistig, kulturell oder auch religiös weiterentwickeln, aber niemals materiell unendlich wachsen. Unsere materiellen Ressourcen sind begrenzt. Mit der Philosophie des ewigen Wachstums propagieren wir eine Wirtschaft, die tödlich sein kann.

Thomas Kruchem zeigt in diesem Buch gleich mehrere Alternativen zum westlichen Wachstumswahn. Insbesondere am Beispiel des westafrikanischen Mali wird deutlich: Reifen statt wachsen ist eine der Lösungen. Zum Beispiel: Sonne und Biogas statt Diesel. Mit der Natur arbeiten und nicht mehr gegen sie. Der Autor beschreibt anschaulich, wie über erneuerbare Energien Entwicklungschancen entstehen.

Thomas Kruchem bietet keine Patentrezepte, aber er macht deutlich, dass in den Krisen unserer Zeit auch immer Chancen stecken, die überall auf der Welt Menschen schon heute wahrnehmen. Dies ist ein kleines, aber ein Mut machendes Buch.

Afrika und die Sonne: Welch eine Chance für eine bessere Zukunft! Wir können heute in ganz Afrika Solarstrom für wenige Cent pro Kilowattstunde produzieren, weil die Sonne keine Rechnung schickt! Sie ist für die Armen ein Riesengeschenk. Im kommenden Solarzeitalter kann so Gerechtigkeit für alle entstehen. Die Lösung der Klimakrise steht am Himmel.

Wenn die von Thomas Kruchem aufgezeigten Beispiele für praktischen Klimaschutz Schule machen, muss auf dieser Welt bald kein Kind mehr verhungern.

Der Autor dieses Buchs macht deutlich, dass es Grund zur Hoffnung gibt. Solche Hoffnungszeichen brauchen wir, um in unserem Kampf für eine bessere Welt nicht zu resignieren. Deshalb wünsche ich diesem Hoffnungs-Buch viele Leserinnen und Leser.

Baden-Baden, im November 2019
Dr. Franz Alt

Vorwort

Dieses Buch will Mut machen, indem es vorbildliches Handeln dokumentiert. Viele Menschen haben daran mitgewirkt.

Ich danke, an erster Stelle, meinen Gesprächspartner(inne)n in Mali, Niger, Bolivien, Haiti, Schottland und den Philippinen. Sie haben sich viel Zeit genommen für den neugierigen Deutschen und seine Fragen geduldig beantwortet. Ich danke den Mitarbeiter(inne)n des Sozialunternehmens *Africa GreenTec* sowie der Hilfswerke *Misereor* und *World Vision*. Auch sie tun viel gegen den Klimawandel; sie kooperieren mit etlichen meiner Gesprächspartner vor Ort und haben meine Recherchen engagiert unterstützt.

Ich danke Dr. Franz Alt, der sich heute mit bewundernswerter Energie der Solarenergie widmet, für sein freundliches Geleitwort. Mein Dank geht auch an einen mittlerweile pensionierten Kollegen und Redakteur, der mir über Jahrzehnte geholfen hat, wichtige Themen angemessen zu bearbeiten. Alles Gute, lieber Udo Zindel, bei Deiner Arbeit in Klostergärten.

Ich danke Cornelia Wilß und den Mitarbeiter(inn)en des Brandes & Apsel Verlags für ihre tatkräftige Mithilfe beim Zustandekommen dieses Buchs – und nicht zuletzt meiner Frau Cäcilia. Sie hat unsere Kinder zu ordentlichen Menschen erzogen, pflegt die Mutter, hütet die Enkelkinder, gibt mir Kraft für meine Arbeit und verbessert sie (wobei Fehler natürlich auf meine Kappe gehen). Cäcilia, Du bist die emanzipierteste Frau, die ich kenne. Dir widme ich in Liebe dieses Buch.

In diesem Kontext: Es bereitet mir nervöses Zittern in den Fingern, von »Menschen und Menschinnen« zu schreiben. Für mich gibt es nur gleichberechtigte Menschen. Ich bitte deshalb um Nachsicht dafür, dass ich den Text nur dort, wo es mir nötig erschien, genderisiert habe. Wer dieses Buch liest, wird sehen, wie sehr ich gerade Leistungen von vielerorts noch immer krass benachteiligten Frauen schätze.

Mauer, im Februar 2020
Thomas Kruchem

1. Klimaschutz oder Demokratie?
Einleitende Gedanken zur deutschen Diskussion

Meine 2017 geborene Enkelin Hanna liebt Spaziergänge mit meiner Frau und mir im Wald der Mauermer Sandklinge. Hier, drei Minuten zu Fuß von unserem Haus, hatte einst der Neckar ein Bett; in dessen Sand fand 1907 Gemeindearbeiter Daniel Hartmann den berühmten Unterkiefer des *Homo mauerensis*, den sie fälschlich *Homo heidelbergensis* nennen.

Heute liegt die Sandklinge in unter Naturschutz stehendem Wald; und irgendwann im Frühjahr verliebte sich Hanna in einen kleinen Tümpel, in dem schon meine Kinder Kaulquappen fingen. Im Juli dann, als es viele Wochen kaum regnete, trocknete der Tümpel mal wieder aus. Hanna aber zog mich immer wieder zu der noch feuchten Mulde: »Opa, wo ist das Wasser?« »Es kommt bald wieder, Hanna«, sagte ich und musste mich bisweilen einer gewissen Melancholie erwehren. – Hanna wird hoffentlich noch das Jahr 2100 erleben – aber in was für einer Welt?

In diesem Buch erzähle ich von Menschen, die unter oft widrigsten Umständen unverdrossen handeln – im Kampf gegen und in der Anpassung an den Klimawandel. Um sie kennenzulernen, bin ich nach Mali, Bolivien und Niger, nach Schottland, Haiti und auf die Philippinen gereist. Ein Grund für diese Reisen war die Suche nach Hoffnung für unsere Welt – nach Hoffnung, die wir, wenn wir richtig handeln, vielleicht auch unseren Enkeln vermitteln können.

Wir haben überzockt

In unseren Medien lese ich, wohin ich schaue, Katastrophenmeldungen zur Zukunft unseres Planeten: Seit 1989 wurde mehr Kohlendioxid in die Atmosphäre abgegeben, als in der gesamten Menschheitsgeschichte davor, schreibt der amerikanische Autor Nathaniel Rich in seinem Buch »Losing Earth« (2019). Die Jahre 2015 bis 2019 waren die heißeste Periode überhaupt, seit Temperaturen gemessen werden. Der Meeresspiegel steigt; das Eis von Gletschern, Arktis und Antarktis schmilzt;

Wirbelstürme und Überschwemmungen werden heftiger; Dürren dauern länger; in der Atmosphäre befinden sich so viele Treibhausgase wie nie zuvor in der Menschheitsgeschichte.

Der Klimawandel scheint sich, schier unaufhaltsam, zu beschleunigen – während die Menschen noch darüber diskutieren, wie viel sie selbst dazu beitragen. Die globalen Temperaturen könnten bis 2100 um fünf Grad steigen, sagen inzwischen manche Experten, der Meeresspiegel um bis zu zwei Meter; Städte wie Miami und Mumbai sowie zahlreiche Inseln könnten verschwinden.

Die Wissenschaftler sprechen auch vom *point of no return*, wenn die Temperaturen weltweit um mehr als zwei Grad gegenüber dem Beginn des Industriezeitalters steigen. Zu unaufhaltsamen Kettenreaktionen käme es dann; zum Auftauen etwa der Permafrostböden in Russland, die in der Folge gigantische Mengen der Klimagase Kohlendioxid und Methan freisetzten. Die Erwärmung der Meere über einen gewissen Schwellenwert hinaus würde Methan am Meeresboden mobilisieren; der Wasserhaushalt des Amazonas-Regenwalds könnte infolge großer Hitze kollabieren und der Wald dann infolge Trockenstresses absterben oder abbrennen.

Ja, mehr Kohlendioxid lasse da und dort Nahrungspflanzen besser wachsen, sagen manche Experten. Weit häufiger aber dürften jetzt noch landwirtschaftlich genutzte Trockenregionen zu Wüste degenerieren; und wenn nicht alles täuscht, wird die Menschheit künftig weniger Land besitzen, auf dem sie Nahrungsmittel anbauen kann. Und was mit den Fischbeständen geschieht, wenn das Meerwasser immer wärmer und saurer wird, ist ungewiss.

Zugleich wächst die Erdbevölkerung. Die meisten Fachleute erwarten, dass sie sich um 2100 bei elf Milliarden Menschen stabilisiert; es könnten aber auch 15 Milliarden werden. Denn in den meisten Ländern Schwarzafrikas gibt es noch keine Anzeichen, dass die Frauen weniger Kinder bekommen. Wo sollen all diese Menschen leben, wenn schon in den nächsten Jahrzehnten – so der Weltklimarat (IPCC) – die Heimat von über 100 Millionen Menschen unbewohnbar wird oder im Meer versinkt? Wie sollen sich all diese Menschen ernähren, wenn schon heute, erstmals seit Jahrzehnten, die Zahl der Hungernden weltweit wieder steigt? Die Flüchtlingskrisen, sozialen und politischen Konflikte im Laufe dieses Jahrhunderts lassen sich nur erahnen.

Den Kopf im Sand

Schon vor über 40 Jahren sei das Problem der Erderwärmung bekannt gewesen, schreibt Nathaniel Rich. Damals hätte man noch entschlossen und relativ sanft gegensteuern können. Heute sind wir überwältigt von den Folgen menschlicher Verantwortungslosigkeit – beim Ausstoß von Klimagasen, beim Ressourcenverbrauch, beim Bevölkerungswachstum. Heute brennt uns der Klimawandel im wahrsten Sinne des Wortes auf den Nägeln. Und es kann nur noch darum gehen, die Schäden zu begrenzen – mit höchst unsicherer Aussicht auf Erfolg.

Inwieweit Versuche fruchten, den Ausstoß von Klimagasen und den Temperaturanstieg zu reduzieren, wissen die Wissenschaftler nicht. Welche Maßnahmen der Anpassung ausreichen, wissen sie ebenfalls nicht. Am meisten aber frustriert, dass wir Menschen ganz offensichtlich viel zu wenig tun. Rennen wir sehenden Auges ins Verderben?

Das stupide »Weiter so« mit dem Kopf im Sand lässt jedenfalls viele, die die Gefahren sehen oder zumindest erahnen, ratlos verzweifeln; melancholische Endzeitstimmung breitet sich aus. Intellektuelle üben sich in kulturpessimistischen Essays; immer mehr Konsumenten drückt jeder Kilometer mit dem Auto aufs Gewissen; jeder Bissen Fleisch führt Sojaplantagen vor Augen, die in Brasilien Regenwald verdrängen; auf jeder Skitour lastet die düstere Ahnung, dass wir gerade die letzten echten Winter erleben.

Viele Menschen, junge Leute vor allem, reagieren auch wütend auf die unübersehbare Bedrohung, die ihnen die Älteren eingebrockt haben. Neue Bewegungen wie *Fridays for Future* oder *Extinction Rebellion* werden von den Medien gepusht; der öffentliche Diskurs polarisiert sich; er wird hasserfüllt, bitter, irrational.

Da sieht sich der stolze Besitzer eines *SUV* plötzlich als Panzerfahrer und potenzieller Klima- oder Kindermörder in die Ecke gestellt. »Wurstfetischisten« bekriegen sich mit »Veganhysterikern«; (soziale) Medien stellen nach Mallorca fliegende Pauschaltouristen als verantwortungslos an den Pranger. Der WDR lässt seinen Kinderchor »Meine Oma ist eine alte Umweltsau« singen. »Zwang, Verbote, Kontrolle und Strafe« fordert das Magazin *Stern*, um die Welt zu retten. »Verbote wirken schneller als die Vernunft.« Und immer mehr Kommentatoren scheinen so ziemlich alle Geräte und Konsumgüter verbieten zu wollen, die ihrer Meinung nach geeignet sind, das Klima zu schädigen. »Fleisch verbieten? Ja, warum eigentlich nicht?«, schreibt die *taz*.

Angesichts solcher Stimmen glauben konservative Medien und diejenigen, die ihren gewohnten Lebensstil infrage gestellt sehen, die Freiheit des Bürgers und die Marktwirtschaft, die diese Freiheit ermögliche, bedroht; sie malen die Ökodiktatur an die Wand.

Vor allem in Deutschland ersetzt, was (nicht nur) den Klimawandel angeht, der moralische Diskurs zusehends die politische Debatte. Man spricht weniger miteinander; man schreit sich stattdessen an: »Ich stehe auf der Seite der Guten. Der andere ist böse. Sich überhaupt auf ihn einzulassen, wäre eine Kapitulation.« »Über Klimawandel ist kaum ein vernunftgesteuertes Gespräch zu führen, weil der Begriff längst von Ideologen vereinnahmt ist«, schreibt Hilmar Klute in der *Süddeutschen Zeitung*. Eine solche Entwicklung blockiert konstruktive Zukunftsbewältigung; sie hat, im Gegenteil, immer wieder zu Bürgerkrieg und Diktaturen geführt, wie die Geschichte der Ideologien überdeutlich vor Augen führt.

»Gut« gegen »Böse«

Wir können nur hoffen, dass sehr bald Wissenschaftler, gesellschaftliche Kräfte und politische Entscheidungsträger die nötige Diskussion über womöglich tiefe Einschnitte in unser aller Leben rational führen – nüchtern, konsens- und handlungsorientiert.

Was ist tatsächlich der für die Eindämmung des Klimawandels angemessene Preis für CO_2-Emissionen, der 2019 international bei gerade zwei US-Dollar pro Tonne lag? Die Entfernung des Treibhausgases aus der Atmosphäre aber kostet, schätzen Experten, um die 200 Euro pro Tonne. Was müssen wir tun, damit bei uns CO_2-Preise, ein Tempolimit, eine Abschaffung von Inlandsflügen oder die teure Energiewende mehr sind als Balsam für deutsche Selbstgerechtigkeit?

Investieren wir die zig Milliarden Euro jährlich für unsere totale Energiewende wirklich richtig, wenn wir trotzdem noch immer fast doppelt so viel Kohlendioxid pro Kopf ausstoßen wie Franzosen, Schweden oder Briten (die allerdings auf Atomkraft setzen); wenn selbst in den USA die Emissionen schneller sinken als in Deutschland? Schützen wir das Klima weltweit nicht viel wirksamer (und konfliktfreier), wenn wir mit den zig Milliarden Euro Windtürme in jenen ärmeren Ländern errichten, wo man bis heute aus Kostengründen Kohle- und Dieselkraftwerke baut? Und da wir ja gern gerecht sind: Sollten wir nicht, bevor wir uns selbst mit blitzsauberer Energie ausstatten und mit irrem Aufwand noch mehr Energie sparen, weit klimaeffizienter den Ländern helfen, die am wenigsten zum Klimawandel beigetragen haben, aber am meisten darunter leiden?

Gutes Leben ohne Wirtschaftswachstum?

Solchen Fragen müssen wir uns auch deshalb stellen, weil der Klimawandel der Menschheit enorme Opfer abverlangen wird. Und diese Opfer müssen wir möglichst gerecht verteilen, um soziale Verwerfungen und Konflikte zu minimieren.

Demokratie funktioniert, wenn Politiker bei der Erhöhung von Belastungen im Interesse des Klimaschutzes die Menschen überzeugen und nicht, wie es inzwischen manche tun, soziale Aspekte als nebensächlich abtun. Die Politik muss die Menschen mitnehmen. Was aber, wenn die Bewältigung des Klimawandels so große Opfer erfordert, dass die Menschen sich nicht mitnehmen lassen? Was, wenn sie dann Politiker wählen, denen der Klimawandel egal ist – zum Beispiel in einer Wirtschaftskrise?

Ja, der Klimawandel könnte uns recht bald mit Fragen konfrontieren, die unser Wirtschafts- und Gesellschaftssystem im Mark betreffen; Fragen, die wir vielleicht deshalb bis heute ignorieren: Müssen wir möglicherweise unser ganzes auf Wachstum gründendes Wirtschaftssystem infrage stellen? Einerseits hat der Wille zu Leistung und Wachstum als Motor dieses Systems weltweit Krankheiten und Hunger zurückgedrängt und uns unseren Konsum-Wohlstand beschert; andererseits ist Wirtschaftswachstum die vielleicht wichtigste Triebkraft des Klimawandels überhaupt. Solange Wachstum die Grundlage unseres Wirtschaftssystems sei, könne es keine wirklich wirkenden Maßnahmen gegen den Klimawandel geben, meint, zum Beispiel, der Siegener Wirtschaftsprofessor Nico Paech. Und vor allem unter jungen Leuten werden Konzepte des *Degrowth* oder *Postwachstums* diskutiert.

Kann unser Gesellschaftssystem ohne Wirtschaftswachstum überleben? – Nun ja; es gibt auch relativ arme Länder, wo es den Menschen gut geht: Costa Ricas Sozialprodukt pro Kopf liegt bei gerade einem Fünftel dessen in den USA. Die Lebenserwartung aber liegt höher als in den USA – Ergebnis einer über 60 Jahre gewachsenen Sozialpolitik: Gesundheitsversorgung, Bildung und eine gewisse soziale Sicherheit gelten als Grundrechte in

Costa Rica. Das »wealthier is healthier« des einstigen Weltbank-Chefökonomen Larry Summers gilt hier offenbar nicht.

Auch bei uns in Deutschland sind noch größere Fernseher, noch stärkere Autos und noch teurere Urlaube sicher nicht der Schlüssel zu längerem Leben und größerem Glück. Doch wie kriegen wir es hin, ein Wirtschafts- und Gesellschaftssystem mit weniger Arbeit, aber einer gesicherten Grundversorgung aufzubauen; ohne die Jagd nach immer noch mehr wirtschaftlichem Erfolg und Konsum; mit Menschen, die Sinn und Glück in der Gemeinschaft finden, in der Natur und in aktiver Lebensgestaltung? Mit Sicherheit ist der Weg dorthin sehr lang – länger wahrscheinlich, als es der Klimawandel erlaubt.

Für den Fall, dass bereits eingeleitete Schutzmaßnahmen ihre Wirkung verfehlen, befürchtet, zum Beispiel, der frühere deutsche Außenminister Joschka Fischer »eine Radikalität von Maßnahmen, von der ich nicht weiß, wie eine Demokratie damit fertig werden sollte«. Heißt also, letztlich, doch die Alternative: Demokratie oder Bewältigung des Klimawandels?

Existenzielle Fragen ohne Antworten. Und schon kriecht wieder die Melancholie an die Oberfläche des Bewusstseins – mit der fadenscheinigen Rechtfertigung, der Einzelne könne doch nichts tun. Nein! Dann doch, bitte, Zorn und Wut: Ich kann etwas tun als Einzelner; ich kann andere inspirieren und mit ihnen Erfüllung und Glück erleben – auch wenn ich, im schlimmsten Fall, scheitere.

Es gibt weltweit zahllose Menschen, die in diesem Sinne den Klimawandel bekämpfen und ihre Gemeinschaft den verschärften Bedingungen anpassen. Diese Menschen leisten, unter teils schwierigsten Bedingungen, Bewundernswertes. Sie zerstören nicht und klagen nicht; sie hegen und pflegen; sie machen uns Mut. In Mali, Bolivien, Niger, Schottland, Haiti und den Philippinen habe ich solche Menschen kennengelernt. Was können wir von ihnen lernen? Inwieweit vermitteln sie uns neue Hoffnung – für die Zukunft unserer Enkel?

2. Klimagedanken I: Energie für Afrika

Der weltweite Energieverbrauch wuchs 2018 um 2,9 Prozent, lese ich im *Statistical Review of World Energy*. Der stärkste Anstieg seit 2010. Die CO_2-Emissionen stiegen um zwei Prozent, ebenfalls stärker denn je in den letzten Jahren. Ein wenig optimistisch stimmendes Szenario.

Zugleich haben weltweit 1,2 Milliarden der bald acht Milliarden Menschen noch keinerlei Zugang zu Strom. 2030 sind, wenn sich nicht Entscheidendes ändert, 80 Prozent dieser Menschen ohne Strom Afrikaner. Die meisten Dörfer im Afrika südlich der Sahara versinken abends in Dunkelheit. Es gibt keine Kühlschränke, um Medikamente und Nahrungsmittel frisch zu halten, kein Fernsehen, kein Internet. Schulkinder lernen im Qualm von Kerosinlampen.

Und: Fast alle Frauen in Afrika kochen mit Holz und Holzkohle. Das Problem: Beim Kochen und Heizen mit offenem Feuer entsteht Ruß – Feinstaub, dem Stickoxide und gefährliche Kohlenstoffverbindungen anhaften. In Millionen afrikanischen Hütten enthält die Luft hundertmal mehr Rauch und Ruß, als die *Weltgesundheitsorganisation* (WHO) als Höchstwert empfiehlt – mit dramatischen Folgen für die Gesundheit der Frauen und vielen Kinder: Vor allem ihre Lunge wird ruiniert: Staub, der sich in der Lunge abgelagert hat, lässt sich nicht mehr aushusten. Entzündungen lassen Lungengewebe absterben; es folgt ein qualvoller Tod durch chronische Atemwegserkrankungen und Lungenkrebs. Die WHO schätzt, dass häusliche Abgase jährlich 3,5 Millionen Menschen töten – fast ausschließlich Frauen und Kinder. Weit mehr Kinder sterben an durch Rauch verursachter Lungenentzündung als an Malaria, Durchfallerkrankungen und Masern zusammen.

Zugleich explodiert in Afrika die Nachfrage nach Strom: Die Bevölkerung des Kontinents dürfte sich bis 2050 auf 2,5 Milliarden Menschen verdoppeln; die Wirtschaft wächst relativ schnell. Und obwohl der Großteil der Menschen dort keinen Zugang zu Elektrizität bekommen dürfte, werde sich der Stromverbrauch in Afrika zwischen 2010 und 2030 verdreifachen, meint die *Internationale Agentur für erneuerbare Energien* (IRENA).

Afrikanern, die wenig zum Klimawandel beitragen, im Namen des Klimaschutzes Strom zu verweigern, ist keine Option. Der Zugang zu zuverlässiger und bezahlbare Energieversorgung zählt aus guten Gründen zu den *nachhaltigen Entwicklungszielen* (SDGs) der *Agenda 2030* der *Vereinten Nationen*. Ohne Energie lässt sich Armut nicht überwinden.

Energiemangel als Chance

Es liegt deshalb nahe, dass wir den Energiemangel in Afrika als Chance sehen, gerade hier in erneuerbare Energien zu investieren. Die bei weitem besten Aussichten dafür bietet die Solarenergie. Solaranlagen an den meisten Standorten Afrikas haben in weniger als zwei Jahren die Energie, die für ihren Bau und Unterhalt, inklusive Akku-Backup, aufgewandt wurde, wieder eingespielt. Afrika könnte, sagen Fachleute, problemlos 10.000 Gigawatt Sonnenenergie produzieren. 2016 verfügten Afrikas Kraftwerke insgesamt über eine Kapazität von gerade 122 Gigawatt.

Solare Großkraftwerke, wie sie vereinzelt – etwa in Marokko und Südafrika – schon existieren, bieten sich für die Städte an. Große Stromnetze jedoch, die über Tausende Kilometer Millionen Dörfer versorgen, wären viel zu teuer und riskant. Sinnvoller sind dörfliche Solaranlagen mit angeschlossenen *local grids* (lokalen Netzen). Sie sind auch häuslichen Systemen, die gerade mal fürs Handy und zwei LED-Leuchten reichen, weit überlegen.

Doch wie stellt man ein solches Netz auf die Beine? Viele Dorfbewohner in Afrika könnten durchaus Strom bezahlen, weil dessen Nutzung ihnen weit höhere Kosten für Brennholz, Diesel, Kerosin, Bank- und Behördenbesuche erspart und sich zudem, etwa von Handwerkern, produktiv nutzen lässt. Aber den Dorfbewohnern fehlen Kapital und Wissen, Solaranlagen aufzubauen und zu warten.

Ein, vor diesem Hintergrund, von klassischer Entwicklungshilfe gestiftetes System wird, aus vielerlei Gründen, regelmäßig verfallen, sobald das Budget des Gebers erschöpft ist. Was aber, wenn ein kommerzielles Unternehmen in dörfliche Solaranlagen investiert? – Aida und Torsten Schreiber, ein malisch-deutsches Unternehmerehepaar, haben sich auf das Risiko eingelassen. In Kaï, einem Dorf mitten im Krisenland Mali, habe ich erlebt, wie die Schreibers und ihre Partner vor Ort Klimaschutz und auch Entwicklungszusammenarbeit neu definieren.

3 Licht-Bringer

Abb. 1: **Stolz, verantwortungsbewusst, hart arbeitend** – Frauen sind, obwohl sie wenig zu sagen haben, der Motor jeder Entwicklung in malischen Dörfern wie Kaï. Solarstrom macht auch ihr Leben leichter.

Wie Solarstrom ein Dorf in Mali verändert

In einem fensterlosen Schuppen brüllt ein ölig-rußiges Dieselaggregat. Es treibt ein Mahlwerk an, in das junge Frauen Nüsse des afrikanischen Butterbaums schütten. Rotbrauner Brei fließt in Blechschüsseln. Daraus gewinnen die Frauen Sheabutter, einen begehrten Rohstoff für Kosmetika.

Nebenan schweißt Nuhun Traoré die zerbrochene Felge eines Lastkarrens. Eigentlich könnten sich die Frauen den Krach schon lange ersparen, sagt der junge Schmied achselzuckend. »Ich selbst hatte bis vor kurzem, um schweißen zu können, einen Dynamo an den Dieselgenerator der Mühle angeschlossen. Da musste ich für Diesel umgerechnet mehr als 40 Euro im Monat ausgeben. Und dauernd ging der Dynamo kaputt. Vor drei Monaten aber habe ich zum ersten Mal Solarstrom gekauft – von dem neuen Ungetüm dort drüben. Nun zahle ich pro Monat gerade noch ein Drittel dessen, was mich der Dieselstrom gekostet hat.«

UFO der Hoffnung

Ich bin zu Besuch in Kaï, einem Dorf im Südosten des westafrikanischen Mali, an der Grenze zu Burkina Faso und Côte d'Ivoire. Das Ungetüm, von dem der Schmied spricht, steht mitten im Dorf: ein Container voller Elektronik, lackiert in den Nationalfarben Malis – gelb, grün, rot. Darauf ein Logo mit den Konturen Afrikas: *Africa GreenTec*. Über dem Container ausladende Dächer aus Solarpaneelen. Im Schatten des Ungetüms, das an ein UFO erinnert, trinken ein paar ältere Männer in *Boubous*, bunt gemusterten traditionellen Gewändern, Tee.

Mehr als drei Viertel der Dorfbewohner in Mali haben keinen Zugang zu Strom. Da und dort dröhnen zwar Dieselgeneratoren; deren Betrieb aber ist teuer, setzt viel Kohlendioxid frei und schürt so den Klimawandel weltweit. Doch es gibt Hoffnung für Malis Dörfer auf klimaneutral gewonnenen Strom. Zu den wichtigsten Hoffnungsträgern zählt *Africa GreenTec*, das Startup des Deutschen Torsten Schreiber und seiner malischen Frau Aida.

Kalaschnikows und Kerosinfunzeln

Zehn Stunden war ich von Malis Hauptstadt Bamako aus unterwegs in den Südosten – in einem uralten Pickup auf löchrigem Asphalt, zwischen rußenden Diesel-Mercedes aus dem vorigen Jahrhundert.

Südlich der Stadt Sikasso wartet sandig-felsige Buckelpiste, in die dorniges Gestrüpp ragt. Es wird Nacht; die Kalaschnikow meines neben mir sitzenden Leibwächters schlägt dauernd gegen mein rechtes Knie. Endlich im Scheinwerferlicht Lehmhütten des Dorfes Fanidiama, die Silhouette eines Pickups voller Soldaten mit aufgepflanztem Maschinengewehr, der Konvoi des Unternehmens *Africa GreenTec*.

Torsten und Aida Schreiber verabschieden sich gerade von den Dorfältesten. Sie haben einen Deal mit ihnen abgeschlossen: *Africa GreenTec* wird bald auch in Fanidiama eins seiner gelb-grün-rot lackierten Ungetüme aufstellen – eine mobile Solaranlage, die sie *Solartainer* nennen.

Ich steige um in den klimatisierten und gepanzerten SUV der Schreibers. Hinten schlafen die beiden älteren ihrer drei Kinder. Die neunjährige Naomi und der zwölfjährige Joel verbringen ihre Ferien in Mali. Ihr Vater, Torsten Schreiber, trägt einen Rauschebart, schulterlanges

Karte 1: Mali

Abb. 2/3: **Sicherheitsmaßnahmen** – In Mali kommt es immer wieder zu Anschlägen islamistischer Terroristen. Schusssichere Westen gehören zur Grundausstattung von Europäern, die dort reisen.

Haar und ein khakifarbenes Firmenpolo. Er wirkt überhaupt nicht müde und erzählt munter drauf los – von Mali, einem der ärmsten Länder der Welt mit 20 Millionen Einwohnern auf fast viermal der Fläche Deutschlands; überwiegend Halbwüste und Wüste.

In Mali bekommen die meisten Frauen bis heute mehr als sechs Kinder; die Kindersterblichkeit liegt noch immer bei über zehn Prozent, das Sozialprodukt pro Kopf und Jahr bei gerade 800 US-Dollar. Die Menschen leben von Ackerbau, Viehzucht, Fischfang und informellem Handel. Gold, gefördert mit viel umwelt- und gesundheitsschädlichem Quecksilber, bringt zwei Drittel der Exporterlöse.

Torsten Schreiber erzählt mir vom Klimawandel, der die Bauern Malis mit extremen Dürren, Starkregen und Überschwemmungen bedroht. Und er berichtet von der angespannten Sicherheitslage. Ableger von *al-Qaida* und dem *Islamischen Staat* verüben immer wieder Massaker und legen Sprengfallen. Weil sie auch von 800 deutschen Soldaten bekämpft werden, sind die wenigen ausländischen Geschäftsleute und Touristen in Mali ein bevorzugtes Ziel von Anschlägen. Deshalb mein Leibwächter, das gepanzerte Auto und die Militäreskorte.

Das Diesel-Fiasko der *Weltbank* ...

Elektrizität sei in den 11.000 Dörfern Malis selten verfügbar gewesen, erzählt Schreiber – bis die *Weltbank* um die Jahrtausendwende ein Programm auflegte. Sie wollte einigen hundert Dörfern Strom verschaffen – mit Dieselgeneratoren.

»Das Problem war, dass die Studien und die Vorbereitung auf die Investitionsentscheidung viele Jahre Vorlauf hatten und zur Zeit der Kalkulation der Dieselpreis in Mali bei ungefähr 50 Eurocent pro Liter lag«, berichtet Torsten Schreiber. Als das Projekt dann realisiert wurde, war der Dieselpreis auf das Doppelte angestiegen. »Die Folge ist, dass wir gerade aus einem Dorf kommen, das seit zwölf Jahren ein sieben Kilometer langes Stromnetz hat; eine Bevölkerung, die jahrelang auf die Umsetzung des *Weltbank*-Projekts gewartet hat und bis heute einen nagelneuen Dieselgenerator mit Spinnweben betrachten kann. Das Licht aber ging hier noch nie an.«

Ein gescheitertes Energieprojekt – eins von vielen in Afrika. In etlichen afrikanischen Ländern immerhin sind Dieselkraftwerke heute Vergangenheit: Sie sind zu teuer, zu belastend für Umwelt und Klima. Tatsachen, die bei Malis Entscheidungsträgern noch ankommen müssen, sagt Schreiber bitter lächelnd. »Die haben 2018 ein 80 Megawatt-Dieselkraftwerk hier im Südosten des Landes neu eingeweiht – in einem Land mit 2.200 Sonnenstunden im Jahr. Das ist fast nicht zu glauben.«

… bereitete den Boden für *Africa GreenTec*

Das Sozialunternehmen *Africa GreenTec* nutzt den reichen Sonnenschein in Mali und das Scheitern des *Weltbank*-Engagements: In hunderten Dörfern warteten im Rahmen der *Weltbank*-Projekte verlegte Leitungsnetze auf Strom, erklärt mir Torsten Schreiber. »Genau an diesen Dörfern sind wir im Moment dran, weil wir perfekt das Problem heilen können. Wir können mit unseren Solaranlagen Strom zu dem Preis anbieten, zu dem ihn die *Weltbank* seinerzeit anbieten wollte – unter der Voraussetzung, dass wir auf die bereits verlegten Stromnetze zugreifen können. Dann können wir, sobald einer unserer *Solartainer* im Dorf ankommt, binnen 24 Stunden das Licht anmachen.«

Das gewaltige Solarstrompotential Malis werde bislang kaum genutzt, sagt Torsten Schreiber. Es gebe zwar einige mit Entwicklungshilfe finanzierte Solarkraftwerke, die stark subventioniert etliche Dörfer versorgen. Irgendwann aber liefen die Subventionen aus. Es gebe auch Firmen, die subventionierte Solarmodule an Privathaushalte verkaufen. Nach einem Jahr jedoch seien deren Blei-Akkus erschöpft; neue seien in der Regel nicht subventioniert; und beim dilettantischen Recycling von Bleibatterien vergifteten sich immer wieder Menschen.

Africa GreenTec verkauft keine Anlagen und beansprucht keine Subventionen für seine *Solartainer*. Das Unternehmen betreibt auch keine Entwicklungshilfe, die Torsten Schreiber für wenig nachhaltig hält. *Africa GreenTec* errichtet in Dörfern mit drei- bis viertausend Einwohnern und einer gewissen Kaufkraft mobile Solaranlagen und, soweit noch nicht vorhanden, Stromnetze, sogenannte *local grids*. Diese Systeme, die zum Teil Eigentum der Dorfgemeinschaften sind, wartet das Unternehmen und versucht, mit dem Verkauf von Strom seine Kosten zu decken.

Mögliche Gewinne schüttet *Africa GreenTec* allerdings nicht an die Anteilseigner aus. »Meine Frau und ich verstehen uns als Sozialunternehmer«, betont Torsten Schreiber. »Das heißt, wir versuchen einerseits

Abb. 4: **Lichtbringer-Montage** – Africa GreenTec lässt seine Solartainer zum Teil in Istanbul zusammenbauen.

Abb. 5: **Das neue Dorfzentrum** – Im Schatten des Solartainers werden Geschäfte erledigt und Feste gefeiert.

sicherzustellen, dass unsere Arbeit wirtschaftlich tragfähig ist. Andererseits wollen wir aber nicht das Kapital der Investoren vermehren, indem wir eine möglichst hohe Eigenkapitalrendite anstreben. Sondern alles, was sozusagen Erfolg ist, sprich über der schwarzen Null, wird in weitere Dörfer investiert.«

20 *Solartainer* hat das Unternehmen bis Ende 2019 gebaut. 19 davon wurden in Mali aufgestellt, einer im Nachbarland Niger. Etliche weitere Anlagen sind »in der Pipeline«, sagt Schreiber.

Wie ein Ochsentreiber

Nach einer kurzen Nacht in der Stadt Sikasso besuchen wir das Dorf Kaï, in dem seit Oktober 2018 ein *Solartainer* steht. Der Empfang ist überwältigend. Eskortiert von ein paar Dutzend hupenden Motorrädern fahren wir an graubraunen Lehmhütten und Getreidespeichern vorbei, an Cashew- und Mangobäumen, zwischen denen bunte Wäsche flattert. Frauen in Wickelröcken und Turbanen stehen am Wegesrand; die Dorfältesten in frisch gebügelten *Boubous*. Kinder tollen zwischen

Abb. 6: **Alles frisch** – Überall im Dorf Kaï offerieren freundliche Händlerinnen frisches Obst, Eier und Erdnüsse.

Ziegen und Schafen herum. Musiker spielen auf selbstgebauten Instrumenten aus Holz, Leder und ausgehöhlten Kürbissen.

Irgendwann legt Bürgermeister Drissa Dembela seine gelb-rot-grüne Amtsschärpe an und heißt die Gäste offiziell willkommen. Man isst und trinkt; die aufgeweckte Naomi Schreiber spielt mit einem alten Mann und dessen kleinem Enkel; ihr Bruder Joel schaut etwas schüchtern zu.

Später, abseits vom Trubel, gesteht der Bürgermeister, dass er hoch gepokert habe. »Als ich den Leuten vorschlug, hier in Kaï einen *Solartainer* aufstellen zu lassen, waren die meisten skeptisch. Solarstrom aus einer Anlage für hunderte Familien und Unternehmen – das würde ich nie hinkriegen, meinten viele. Es würde, im Gegenteil, das Ende meiner politischen Karriere bedeuten.«

Doch da kam Oumar Maiga, Schwager Aida Schreibers und einer der Direktoren der malischen Tochtergesellschaft, ins Spiel. Früher hat Maiga für die *Konrad-Adenauer-Stiftung* Kampagnen organisiert gegen die in Mali verbreitete sexuelle Verstümmelung von Frauen. Heute versucht der hochgewachsene und glutäugige Universitätsprofessor, die kulturelle Kluft zwischen traditionellen Dorfgemeinschaften und dem Hightech-Unternehmen *Africa GreenTec* zu überbrücken. Er ver-

Abb. 7: **Überzeuger** – Oumar Maiga, Geschäftsführer bei *Africa GreenTec*, weiß, wie er mit Dorfältesten sprechen muss.

mittelte auch in Kaï zwischen Skeptikern und Befürwortern und machte so den Deal möglich.

In einem Nachbardorf hat Maiga heute früh die Dorfältesten angebrüllt wie ein Ochsentreiber; und ich habe gedacht, sie würden uns gleich aus dem Dorf werfen. Die Ältesten haben aber nur die Köpfe gewiegt, getuschelt; und schließlich haben sie Beifall geklatscht. »Ich wusste, dass sie an einem *Solartainer* interessiert waren«, sagt Oumar Maiga mit einem schelmischen Lächeln im Gesicht. »Aber irgendwie zögerten sie und brachten etwas weit hergeholte Einwände vor. ›Worauf wartet ihr noch?‹, fragte ich schließlich. ›Ihr wartet seit 16 Jahren, dass euch die Regierung Strom liefert. Jetzt habt ihr tatsächlich die Chance, sauberen Strom zu bekommen, auf den 11.000 Dörfer in Mali warten. Wollt ihr diese Chance nutzen? Oder wollt ihr weitere 20 oder 30 Jahre auf elektrisches Licht warten?‹«

Hätten die Dorfältesten einmal Beifall geklatscht, dann stünden sie auch dazu, erklärt mir Kaïs Bürgermeister Drissa Dembela. Und sie sorgten dafür, dass die Dorfgemeinschaft sich einbringe in das Projekt. »›Wir kümmern uns um die Strommasten‹, haben wir deshalb zu Oumar Maiga gesagt.«

Abb. 8: **Erstmal skeptisch** – Nach wenigen Minuten jedoch applaudieren die Dorfältesten Oumar Maiga.

200 Eukalyptusbäume fällten die Männer von Kaï und legten die Stämme drei Monate lang in Wasser. »Dadurch sind sie so fest geworden, dass keine Termiten mehr drangehen.« Auch die Kabel für die Stromleitungen bezahlen die Dorfbewohner – in drei Raten. »Die erste, umgerechnet fast 19.000 Euro, haben wir nach der letzten Cashew-Ernte überwiesen. Da waren wir einigermaßen flüssig.«

»Solch ein Engagement einer Dorfgemeinschaft ist absolut neu in Mali, wo sonst alles subventioniert wird und trotzdem nicht funktioniert«, sagt Torsten Schreiber begeistert. »Das Vertrauen in unsere Arbeit scheint die Menschen hier anzuspornen.«

Hightech und langstielige Besen

Während der Bürgermeister, Oumar Maiga und die Schreibers Details der Zusammenarbeit besprechen, kümmern sich Mamadou Sall und Jesse Pielke um den *Solartainer* – im Schlepptau fünf malische Nachwuchstechniker. Der robust gebaute Container habe eine lange Reise hinter sich, erklärt mir der technische Direktor Sall: Vom hessischen Hainburg, dem Sitz von *Africa GreenTec*, nach Hamburg; per Schiff nach Abidjan, auf einem Schwerlasttransporter quer durch Côte d'Ivoire und schließlich über die Buckelpisten Süd-Malis. Beim Aufbau war dann Millimeterarbeit gefragt, damit der Container auch beim heftigsten Staubsturm oder Wolkenbruch nicht zu wackeln beginnt.

Mamadou Sall öffnet den Batterieschrank, der ein Dutzend aktenkoffergroßer Lithium-Akkus enthält, eingebettet in ein Geflecht von Rohren. »Wir nutzen Lithium-Akkus der neuesten Generation«, sagt er stolz. »Die halten sechs bis zwölf Jahre, bevor sie zum Recycling an den Hersteller zurückgehen.« Allerdings, so Sall, müsse man Einiges beachten. »Besonders wichtig ist, dass die Akkus nicht zu heiß werden. Deshalb haben wir im Batterieschrank eine Klimaanlage installiert. Die Rohre, die Sie hier sehen, kühlen die Akkus und halten die Temperatur stabil zwischen 25 und 30 Grad.«

Ähnlich wichtig wie die Klimaanlage sei die Sauberkeit der Module, sagt der technische Geschäftsführer. Es gebe hier sehr viel Sandstaub, den der fast immer wehende Wind aufwirbelt. Und staubbedeckte Module produzierten natürlich weniger Strom. Die Lösung: mehrere Besen mit extrem langen Stielen. »Dazu, einen Besen zu schwingen, darf sich kein Techniker zu schade sein.«

Abb. 9: **Das technische Herz** – Jesse Pielke und Mamadou Sall warten das komplexe Innenleben des Solartainers und bilden lokale Techniker aus.

Der Deutsche Jesse Pielke, der die »operations« von *Africa GreenTec* betreut, macht sich an zwei Schränken im hinteren Teil des Containers zu schaffen. »Das sind Schaltschränke, welche die Verkabelung der Batterien und der Wechselrichter sowie die Steuerung enthalten. Hier im Container haben wir ein Beleuchtungssystem, ein Modem, alles Mögliche an Elektronik. Das muss ja alles miteinander verschaltet sein.« Penibel prüft Pielke, ob die Verkabelung den Schemata auf seinem Laptop entspricht, und spielt Software-Updates auf.

Während der Arbeit beantworten Jesse Pielke und Mamadou Sall immer wieder Fragen der malischen Auszubildenden. Und die hören konzentriert zu. Sie wollen unbedingt – das sehe ich in ihren Gesichtern – ihre Chance auf einen Job in einer zukunftsträchtigen Branche wahrnehmen. Zwei Techniker und einen Wachmann pro *Solartainer* stellt *Africa GreenTec* ein. Die Schulausbildung in Mali sei leider viel zu theoretisch, klagt Sall. »Wir bilden unsere neuen Mitarbeiter vor allem praktisch aus. Und um wirklich gute Techniker zu bekommen, lassen wir immer zehn oder mehr Bewerber dabei sein, wenn wir einen *Solartainer* aufbauen; wenn wir Netze verlegen und Hausanschlüsse erstellen. Die, die sich als besonders lernfähig und motiviert erweisen, stellen wir dann ein.«

Maximal 50 Kilowatt liefert der *Solartainer* in Kaï. Die an den Häusern angebrachten Zähler sind über Satellit und Internet mit der *Africa Green-Tec*-Zentrale in Deutschland verbunden. Von dort aus werden Tarife eingestellt und, nur per Vorkasse, Stromguthaben freigeschaltet. Mit ihrem Anschluss bekommen die Kunden zwei Steckdosen, drei LED-Lampen, einen Sicherungskasten und einen *Smartmeter*, einen Stromzähler der neuesten Generation. Um die Kosten von bis zu 200.000 Euro pro *Solartainer* zu decken, verlangt das Unternehmen etwa 22 Eurocent pro Kilowattstunde tagsüber und 38 Cent abends.

Das ist viel Geld im Verhältnis zur Kaufkraft in Mali, aber nur halb so teuer wie Dieselstrom. Privathaushalte zahlen übers Jahr weniger, als sie früher für Kerosin und Kerzen ausgegeben haben – ohne die Möglichkeit, Fernseher, Handys und komfortable LED-Leuchten zu betreiben. Handwerker betreiben jetzt viele Maschinen mit Strom. Damit möglichst viele Nutzer an der begrenzten Menge Solarstrom teilhaben können, sei der Verbrauch pro Nutzer gedeckelt, erklärt Mamadou Sall. »Handwerksbetriebe bekommen tagsüber mehr Strom; abends, wenn nur die Akkus Saft liefern, dafür gar keinen.«

Der *Chief* verkauft jetzt Fisch

Dramane Traoré, traditioneller *Chief* oder Häuptling in Kaï, wirkt ähnlich dynamisch wie der Bürgermeister. Seit es Solarstrom in Kaï gebe, beginne sich das Leben im Dorf grundlegend zu verändern, sagt er bei einem Spaziergang. 180 der 500 Haushalte haben sich bisher eine Leitung legen lassen. Von ihnen hätten fast alle jetzt Fernseher; nachts sei die Hauptstraße beleuchtet; viele Frauen verkauften gekühlte Getränke. Man lebe inzwischen wie in einer Stadt. Als wir in einem Innenhof zwei Frauen, schweißüberströmt, Mais stampfen sehen, schüttelt der *Chief* den Kopf: Das ginge viel leichter elektrisch.

Dramane Traoré selbst isst gern Fisch. Das brachte ihn, als auch in seinem Haus das Licht anging, auf eine ganz persönliche Geschäftsidee. Die Ware fahrender Fischhändler sei oft vergammelt, weil sie stundenlang auf dem Motorrad liege, erzählt der *Chief* achselzuckend. »Seit zwei Monaten fahre ich nun alle paar Tage in die Stadt Sikasso, kaufe dort sechs Kartons gefrorene Makrelen aus Mauretanien und fahre sie so schnell wie möglich hierher zu meiner Tiefkühltruhe. Bei mir bekommen die Leute jetzt wirklich frischen Fisch; und immer mehr kaufen bei mir – obwohl ich nicht billiger bin als die fahrenden Händler.«

Der *Chief* und Fischhändler Dramane Traoré sprüht vor Ideen. »Mit Strom könnten wir auch unsere Mangos elektrisch trocknen«, sagt er. »Wir könnten unsere Cashewnüsse rösten und daraus Cashewbutter herstellen. Bis jetzt exportieren wir leider Nüsse und Mangofrüchte unverarbeitet nach Côte d'Ivoire und nach Burkina Faso. Und die Unternehmer dort machen dann das Geschäft.«

Noch vor einem halben Jahr wollte er in die Stadt ziehen, sagt der *Chief*. Die Ankunft des *Solartainers* war ein Grund, dass er blieb – wie sein Cousin, der Schmied Nuhun Traoré. Der hat mittlerweile zwei Mitarbeiter eingestellt. Und mit ihnen flickt er neuerdings nicht nur zerbrochene Felgen; er schmiedet auch Ackergerät, repariert Türen, baut Sesselgestelle – und schweißt sogar zusammengebrochene Motorräder. »Seit ich zwei Schweißgeräte und eine Flex mit Solarstrom betreibe, wächst mein Geschäft wie verrückt. Ich drehe keine Däumchen mehr, weil ein Dynamo kaputt ist, sondern arbeite von morgens um sieben bis nachmittags um fünf.«

Nuhun Traoré betreibt inzwischen nicht nur Arbeitsgeräte mit Solarstrom. Er hat sich auch einen Fernseher gekauft, seinem ältesten Sohn einen Computer und seiner Frau einen Kühlschrank. »Manchmal habe ich jetzt natürlich Probleme mit der Sicherung«, sagt er. »Weil ich immer mehr Strom brauche, muss mir *Africa GreenTec* wohl bald einen zweiten Zähler installieren.«

Kampf gegen Europas Elektroschrott

Leider kauften Afrikaner oft uralte Fernseher, Kühlschränke und Computer aus Europa – kommentiert Logistiker Jesse Pielke. »Diese Geräte verbrauchen mehrere hundert Watt pro Stunde – statt nur 20 oder 30 wie moderne Stromspargeräte.« »An diesem Elektroschrott sind oft Kompressoren und Spulen kaputt; defekte Sicherungen werden überbrückt«, ergänzt beinahe zornig Torsten Schreiber.

Nachhaltiger Umgang mit Energie gründe auf zwei Säulen, erklärt der Unternehmer – erneuerbarer Energie auf der einen, Energieeffizienz auf der anderen Seite. »In Afrika jedoch ist sehr, sehr viel

Abb. 10/11: **Arbeit traditionell** – Aus Nüssen des afrikanischen Butterbaums gewinnen Frauen in Kaï Sheabutter – bis heute mithilfe eines ölig-rußigen Dieselaggregats.

Abb. 12/13: **Arbeit mit Solarstrom** – Schweißer in Dörfern wie Kaï und Djoliba sparen so viel Geld; Chief Dramane Traoré verdient mit tiefgefrorenem Fisch gutes Geld.

Schrott auf dem Markt – importiert oft im Rahmen mafiaartiger Strukturen. Viele dieser Geräte dürfen eigentlich aus Europa gar nicht exportiert werden, weil sie, zum Beispiel, alte Kühlmittel enthalten. Trotzdem kommen sie immer noch containerweise in Afrika an.«

Eine Folge ist, dass Mitarbeiter von *Africa GreenTec* bizarre Diskussionen führen müssen: Im Dorf Djoliba bei Bamako etwa, wo der erste *Solartainer* in Mali errichtet wurde, habe ich mit Lamine Djallo, dem Finanzchef des Unternehmens, die Lebensmittelhändlerin Aisha Bagayogo besucht. »Ich habe mir, sobald ich Strom hatte, einen gebrauchten Kühlschrank gekauft«, erzählt die Händlerin heftig gestikulierend. »Gekühlte Getränke sind ja ein gutes Geschäft hier. Nach drei Tagen aber fiel ich fast vom Hocker: Mein Stromguthaben, das drei Wochen halten sollte, war verbraucht.«

»Sie hätten einen energieeffizienten Kühlschrank kaufen sollen«, entgegnet Djallo freundlich lächelnd. »Ach was!«, redet sich die Händlerin noch mehr in Rage. »Wie bitte soll ich einen Kühlschrank, der wenig Strom verbraucht, bezahlen? Nein, jetzt fahre ich erst mal alle drei Tage mit dem Taxi nach Bamako, kaufe dort Eisblöcke und transportiere die auf dem Dach des Taxis hierher.«

Kein Einzelfall leider – sagt Torsten Schreiber. »Deshalb erweitern wir unser Geschäftsmodell derzeit. Wir stellen künftig gewerblichen Kunden hocheffiziente Geräte zur Verfügung – Notebooks, Scanner und Drucker für Internet-Cafés, die mancherorts die Funktion von Bürgerbüros übernommen haben; Kühlschränke und Kochplatten für Restaurants, die tagsüber Essen für Reisende zubereiten. Abends allerdings funktionieren die Kocher, die bis zu 2 Kilowatt verbrauchen, nicht.«

Vorläufig; denn in jeden *Solartainer*, erklärt mir Schreiber, ließen sich zusätzliche Batterien installieren. »Und neben jeden Container können wir bis zu vier weitere stellen, die dann gekoppelt als ein System laufen.« – Djoliba besitzt seit kurzem, als bisher einziges Dorf, zwei *Solartainer*.

»Meine Eltern sind immer im Stress«

Mittagspause in Kaï. Ich sitze mit Aida Schreiber im Schatten des *Solartainers*. Die Mitgründerin von *Africa GreenTec* hat ihre Tochter Naomi auf dem Schoß. Aida Schreiber stammt aus einer Königsfamilie der Fulbe, eines westafrikanischen Hirtenvolkes. Sie wirkt sehr ernst und diszipliniert auf mich, strahlt eine natürliche Autorität aus. Ihren Mann hat sie bei einem Verwandtenbesuch in Deutschland kennengelernt und ist geblieben. Torsten Schreiber war damals ein erfolgreicher Modedesigner. In Mali aktiv zu werden, war die Idee seiner Frau. 2014 gründete das Ehepaar sein Sozialunternehmen mit heute 15 Mitarbeitern in Deutschland und über 60 in Mali. Die Hälfte des Jahres sind die Schreibers unterwegs in Afrika. Zeit, in denen die Kinder oft zu kurz kommen.

Naomi klappt das Tagebuch auf, das sie für ihre Schulklasse schreibt, und liest mir daraus vor. »Heute sind meine Eltern, so wie gestern, immer im Stress. Ich hoffe, dass es nicht wegen mir ist. Ich sage euch mal, was heute passiert ist. Wir wollten auf Mission gehen. Aber da waren wir plötzlich sieben in einem Fünfsitzer. Und als wir mit der Kolonne zur Tankstelle gefahren sind, war der Zehnsitzer nicht mehr hinter uns. Da war mein Papa mal wieder im Stress.«

Aida Schreiber drückt ihre Tochter fest an sich. »Es ist einfach so, dass wir durch unsere viele Arbeit wenig Zeit haben für unsere Kinder. Aber dadurch haben Tausende andere Kinder, denen wir hier vor Ort helfen, eine Chance für ihre Zukunft. Und deswegen haben wir auch dieses Mal die Kinder mitgenommen, dass sie sehen, wie viele Tausende von Kindern durch unseren Strom in die Schule gehen, lesen und lernen können.«

Biogas für Marian Djalla

Die malisch-deutsche Unternehmerin führt mich zu der geduckten Lehmhütte Marian Djallas, einer 24-jährigen Mutter von drei Kindern, die noch keinen Stromanschluss besitzt. Drei Stunden lang hat Marian heute Brennholz gesammelt und Wasser geholt. Aus dem öffentlichen Wasserhahn an der Straße kommt kein Tropfen, weil die Pumpe des Wasserturms von Kaï seit Wochen kaputt ist.

Jetzt kocht die junge Frau – auf offenem Holzkohle-Feuer in einer kleinen, fensterlosen Küche. Ein Baby schläft auf ihrem Rücken; ihre Augen sind entzündet, Tränen laufen ihr die Wangen herunter. »Der Qualm brennt furchtbar in den Augen«, sagt Marian Djalla achselzuckend. »Und wenn ich huste, ist der Schleim oft pechschwarz. Manchmal bekomme ich kaum noch Luft. Ach, wäre das schön, wenn ich Strom und Gas hätte – wie der Wachmann des *Solartainers*, der nebenan wohnt. Seine LED-Lampe leuchtet jetzt auch in unseren Hof; und ich habe keine Angst mehr, wenn ich nachts zur Toilette gehe.«

35

Abb. 14: **Nachfolgerin in spe** – Naomi Schreiber liebt die Menschen in Mali und die Arbeit ihrer Eltern.

Abb. 15: **Kampf gegen giftigen Rauch** – Aida Schreiber will es Frauen wie Marian Djalla ermöglichen, bald mit Biogas zu kochen.

Aida Schreiber nimmt die junge Bauersfrau in den Arm – fast so wie ihre Tochter. Frauen wie Marian Djalla würden nicht alt, sagt sie. »Die haben Rückenschmerzen, weil sie immer fünf Kilometer mit dem Holz laufen müssen. Und Du siehst Frauen, die mit 40 Jahren an irgendeiner Lungenkrankheit sterben.«

Frauen, sagt Aida Schreiber, leisteten die meiste Arbeit in Dörfern wie Kaï. Früh am Morgen holten sie Wasser und Brennholz und kochten das Frühstück. »Später bringen sie dem Mann und den Kindern das Mittagessen aufs Feld und arbeiten selbst dort. Die Frauen verkaufen auf dem Markt Obst und Gemüse; sie verkaufen Getränke und betreiben Gemeinschaftsgärten, um ein wenig Einkommen zu erwirtschaften.«

Die junge Unternehmerin will Frauen wie Marian Djalla helfen. Das eigentlich naheliegende, rauchfreie Kochen mit Solarstrom aber, sagt sie, sei vorläufig noch zu teuer für einfache Bäuerinnen – selbst mit modernsten Induktionsherden. Deshalb hat *Africa GreenTec* begonnen, zusätzlich zu *Solartainern* kleine Biogasanlagen zu bauen, die vor allem den reichlich vorhandenen Dung des malischen Viehs verwerten. Eine

Anlage für tausend Euro füllt pro Tag vier große Plastikrucksäcke mit Biogas. Das ersetzt 28 Kilo Holz und ist zudem billiger.

Noch, sagt Aida Schreiber, sei ihr Biogasprojekt in der Pilotphase; noch seien einige technische Probleme zu lösen. Sehr bald aber wollen die Schreibers leicht zu wartende Biogasanlagen lokalen Betreibern auf Kredit verkaufen. Die zahlen die Anlagen zwei, drei Jahre lang ab, haben ein dauerhaft solides Einkommen, helfen den Frauen im Dorf und dem Klimaschutz.

Kampf für Frauenrechte

Aida Schreiber trägt Khakihosen, das khakifarbene Firmenpolo und keine Kopfbedeckung – ein ungewohnter Anblick für die meisten Leute im Dorf. Denn nach wie vor geben konservative religiöse Autoritäten in Mali den Ton an, Frauen haben oft keinerlei Zugang zu Entscheidungsgremien. Da müsse sie durch, sagt die Unternehmerin und lächelt zum ersten Mal heute. »Manchmal komme ich mit meinem Mann in ein Dorf und werde von den Ältesten und anderen Frauen zunächst einmal schief angeschaut. Warum ich mich nicht auf meine Rolle als Mutter konzentriere, fragen manche. Dann erklären mein Mann und ich, dass wir alles gemeinsam machen; und das kommt ganz gut rüber. Dann nehmen sie mich in der Regel auf; und ich nehme teil an den Gesprächen.«

Mit dieser konsequenten Haltung stärke sie auch die Stimme der Frauen in den Dörfern, glaubt Aida Schreiber. »Immer häufiger erleben wir, dass bei Versammlungen lokale Frauen das Wort ergreifen; dass sie ihre ganz speziellen Wünsche und Sorgen artikulieren.«

Kein Kredit vom deutschen Staat

Die Sonne geht unter in Kaï; es dämmert. Die Menschen sind heimgegangen. Rauch von Dutzenden Kochstellen zieht durchs Dorf. LED-Leuchten flammen auf. Auf Baumstämmen sitzend, lassen die Schreibers und ihre Mitarbeiter den Tag Revue passieren. Manche in Deutschland sähen in ihm einen Guru, sagt der Mann mit dem Rauschebart verschmitzt lächelnd. Und tatsächlich verfolgen seine Frau und er eine quasi religiöse Mission. Sie wollen einen positiven Fußabdruck hinterlassen – in Form von *Solartainern* (die pro Stück und Jahr, im Vergleich zu Dieselgeneratoren, 50 Tonnen Kohlendioxid einsparen) und Biogasanlagen für, wenn möglich, Millionen Menschen.

Mit *Crowdfunding*, Schwarmfinanzierung übers Internet, haben sie begonnen, haben eigenes Vermögen eingesetzt und schließlich eine Anleihe über zehn Millionen Euro aufgelegt. Der Kredit aber kostet 6,5 Prozent Zinsen – angesichts des hohen Risikos in Mali. Die Schreibers stehen also unter stetem finanziellem Druck, obwohl sie vorwiegend mit *social impact*-Investoren arbeiten, denen auch die soziale Wirkung ihrer Investition wichtig ist.

Immerhin: *Africa GreenTec i*st das erste Unternehmen, das von einem über 40 Jahre alten Investitionsschutzabkommen zwischen Mali und Deutschland profitiert. Die Investoren sind gegen Schäden durch Krieg, Aufruhr, Enteignung und von Malis Regierung verursachte Zahlungsausfälle versichert – bei einem Selbstbehalt von 30 Prozent.

Torsten Schreiber hält wenig von Subventionen in der Entwicklungszusammenarbeit. Zinsgünstige Kredite staatlicher Stellen in Deutschland jedoch würde er dankbar annehmen. Dann könnte er mit

Abb. 16: **Was tun?** – Das Unternehmerehepaar Aida und Torsten Schreiber muss, auch unterwegs in Mali, eine Entscheidung nach der anderen fällen.

viel mehr *Solartainern* noch wirksamer den Klimawandel bekämpfen und zugleich die Lebensbedingungen zahlreicher Menschen in Mali verbessern. »Mit niedrig verzinslichen Krediten könnten wir binnen kurzem Hunderte malische Dörfer mit *Solartainern* versorgen und so unsere Warteliste zumindest teilweise abarbeiten.«

Bis heute jedoch hat *Africa GreenTec* nicht einen einzigen staatlichen Kredit bekommen. »Die Förderung eines Sozialunternehmens passt ideologisch nicht in die Entwicklungshilfe, wie sie seit 40 Jahren betrieben wird«, sagt Schreiber stirnrunzelnd. »Geld gibt es nur für gemeinnützige Vereine, die nicht im Verdacht stehen, Gewinne zu machen. Wirtschaftliches Denken ist bis heute verpönt in der deutschen Entwicklungshilfe.«

Auch Glaubwürdigkeit ist Kapital

Aida und Torsten Schreiber müssen auch immer wieder technische und logistische Herausforderungen bewältigen, die den Bau so manches *Solartainers* wochenlang verzögern. Zudem kämpfen sie in Mali mit Korruption und politischer Willkür, mit sozialen und kulturellen Empfindlichkeiten.

Das Konzept des Sozialunternehmertums europäischer Prägung sei den meisten Afrikanern fremd, sagt Torsten Schreiber. »Die Afrikaner kennen nur, dass sie entweder was geschenkt bekommen oder horrende Wucherzinsen bezahlen müssen.« Und ausländische Unternehmer stünden unter dem Generalverdacht, dass sie das Land ausbeuten und seiner Rohstoffe berauben wollen. »Wir müssen also immer wieder den Menschen verständlich machen, dass wir als Sozialunternehmen anders handeln als die Unternehmen, die sie kennen.«

Immerhin: Aida Schreiber ist aufgewachsen in dieser afrikanischen Welt; ihre Geschäftsführer Mamadou Sall und Oumar Maiga bewegen sich wie Fische im Wasser darin. Und morgen in Bamako werde ich erleben, wie der Chef der Energiebehörde drei Stunden lang mit einer *Africa GreenTec*-Delegation verhandelt, während fünf, sechs wichtig wirkende Aktenkofferträger im Vorzimmer warten. Das junge Sozialunternehmen erfüllt, so scheint es, ein Grundbedürfnis in Mali.

Wie Sinn glücklich macht

Die frappierende Wirkung eines *Solartainer*-Projekts auf eine Dorf-gemeinschaft und auf einzelne Menschen zählten zu seinen wichtigsten Motivationsquellen, sagt Torsten Schreiber. »Da engagieren sich plötz-lich Menschen, die vorher vor sich hin gelebt haben. Da investieren Dorf-bewohner, die ins Ausland geflohen sind, plötzlich in ihrem Heimatdorf oder kommen sogar zurück. Das zu erleben und mit diesen Menschen eng zusammenzuarbeiten, empfinden wir einfach als Erfüllung.«

Mit »wir« meint Schreiber vor allem auch seine Mitarbeiter: Lamine Djallo etwa, ein studierter Volkswirt, hat seine gut bezahlte Position bei einem internationalen Unternehmen aufgegeben, um über die Finanzen von *Africa GreenTec* zu wachen.

Der junge Jesse Pielke hat nach seinem Energiemanagement-Studium nicht bei einem Energiekonzern angeheuert, wo gutes Geld, Dienst-wagen und Betriebs-Kita warten. Stattdessen organisiert er, gegen kar-gen Lohn, die Logistik von *Africa GreenTec*. Hier bin ich auf einem ganz neuen Feld unterwegs«, sagt er. »Ich bewirke etwas und sammle unfass-bar viel praktische Erfahrung. Mehr verdienen könnte ich sicher. Aber mit was für einer Arbeit würde ich dann meine Tage verbringen? Hier in Mali genieße ich es, mich mit einem Kunden auf seinen Roller zu setzen und mal eben vor Ort sein Problem mit einem Schweißgerät zu lösen. Dieser Job ist einfach unvergleichlich cool.«

Das findet auch Robert Skibiçki, ein polnischer Feinmechanik-Ingenieur, der für die technische Entwicklung der *Solartainer* verant-wortlich ist. »Ich brauche Geld für Grundbedürfnisse wie Wohnung und Essen, vor allem aber Glück und Zufriedenheit. Wenn ich dann hier in Afrika in die Augen der Menschen schaue und das Glück und die Dank-barkeit darin sehe, dann weiß ich, was meine Arbeit wert ist – für sie und für mich.«

Nicht zuletzt die kleine Naomi hat längst Feuer gefangen für die Mission ihrer Eltern. Bei ihrem letzten Besuch war Naomi entsetzt, wie viele Kinder in Mali abgerissen herumlaufen und betteln. Deshalb hat die Neunjährige an ihrer Schule in Deutschland eine Sammlung nicht mehr benutzter Spielsachen organisiert. Mit einem der nächsten *Solar-tainer* wird das Spielzeug nach Mali gebracht und verteilt – im Beisein von Naomi.

»Ich will studieren und dann Papas Arbeit übernehmen«, sagt Naomi mit viel Entschlossenheit in der Stimme. »Ich will das, was Papa macht, groß werden lassen – weil ich es schön finde, Kindern zu helfen. Früher wusste ich gar nicht, dass es hier so arme Kinder gibt. Jetzt sehe ich es und will deshalb die Arbeit von meinem Papa übernehmen. Ich bin sehr stolz auf das, was Papa tut.«

Kaïs Weg in die Zukunft

Während Torsten Schreiber mit einem Bürgermeister im Nachbarland Senegal telefoniert, der demnächst einen *Solartainer* bekommen soll, wagt Kaïs Bürgermeister Drissa Dembela einen Blick in die Zukunft – in eine Zukunft, die er sich ohne Strom gar nicht mehr vorstellen kann. »Die Entwicklung unseres Dorfes in den nächsten fünf Jahren wird phantastisch sein. Das werden weder Gewitter noch Stürme verhindern – und auch keine Diebe und Terroristen. Viele neue Betriebe werden eröffnen; Betriebe, die auch unsere landwirtschaftlichen Produkte wie Mangos, Shea- und Cashewnüsse weiterverarbeiten. Schon jetzt kehren junge Leute, die in die Stadt gegangen sind, zurück, um hier in Kaï Geld zu verdienen – viel Geld, mithilfe von Solarstrom.«

Abb. 17: **Die Zukunft** – Wie werden nachwachsende Generationen in Kaï ihren Zugang zu Solarstrom nutzen, um das Dorf zu entwickeln?

4. Klimagedanken II: Trinkwasser

Auch die kostbare Ressource Wasser, unser Lebenselixier, beanspruchen wir immer stärker: Wir brauchen mehr Wasser im Haushalt; bewässern immer mehr Felder; immer mehr Wasser wird von Bergbau, Kraftwerken und Industrie verschmutzt. Mit immer mehr Energie muss Wasser gepumpt, transportiert und gereinigt werden.

Nur drei Prozent des Wassers auf der Erde sind Süßwasser, davon zwei Drittel gebunden in Gletschern und Polareis. Der Klimawandel stört zusehends den Kreislauf dieses Wassers. Weltweit fallen Niederschläge heftiger und in kürzerer Zeit; Trockenphasen werden länger; abrupte Wechsel zwischen Flut und Dürre, zwischen Überfluss und Mangel machen es schwieriger, Wasser effizient zu nutzen.

Lange Dürren und der Temperaturanstieg lassen zudem mehr Wasser verdunsten und Pflanzen stärker transpirieren; die Gefahr wächst, dass sie verdursten oder geschwächt Schädlingen anheimfallen. In diesen Jahren erleben auch wir hautnah, wie Kiefernwald austrocknet, Fichten dem Borkenkäfer anheimfallen und Buchen von der Krone her absterben.

In tiefliegenden Ländern wie Bangladesch und auf vielen Inseln in Karibik, Pazifik und Mittelmeer versalzt der Anstieg des Meeresspiegels Ackerböden und Grundwasser. Eine Studie der *Union für das Mittelmeer* (UfM) warnt, dass 2040 die Hälfte der Menschen im Mittelmeerraum unter Wassermangel leiden könnte.

Gletscherschmelze und Wasserstress

Besonders dramatisch verschlechtert sich die Situation in den Hochgebirgen, die quasi die Wassertanks der Erde verkörpern. Gletscher und Schneedecken in den Bergen schmelzen schneller denn je; Niederschläge fallen immer häufiger nicht als Schnee, sondern als Regen und laufen entsprechend schnell ab.

Derzeit 800 Millionen Menschen aus den dicht bevölkerten Ländern Pakistan, Indien und China bestreiten einen Großteil ihres Wasserbedarfs aus Gletschern in den Himalaja-Bergen. Deren Schmelzwasser speist Flüsse wie Indus und Tarim. Und es liegt auf der Hand, dass

Abnahme der Schmelzwasserströme soziale Instabilität, Konflikte und Klimaflucht in kaum vorstellbarem Ausmaß nach sich ziehen wird.

Während des letzten halben Jahrhunderts ist schon ein Viertel des Himalaja-Eises abgeschmolzen. Und die weiter zunehmende Gletscherschmelze lässt inzwischen weit mehr Wasser aus dem Himalaja abfließen, als dauerhaft möglich ist. Der Abfluss dürfte in den nächsten Jahrzehnten noch zunehmen, bevor dann das Wasser stetig weniger wird. Das Himalaja-Gebirge könnte 2090 15 bis 24 Prozent weniger Schmelzwasser bereitstellen als heute.

Derweil leben bereits zwei Milliarden Menschen in Ländern mit hohem Wasserstress. Unterschiedliche Nutzungen von Wasser konkurrieren dort miteinander. Nach einer Studie des Washingtoner *International Food Policy Research Institute* (IFPRI) könnte 2050 die Hälfte der Menschheit von hohem Wasserstress betroffen sein – vor allem in armen Ländern des Südens. Einen Vorgeschmack liefern von Jahr zu Jahr katastrophale Wasserkrisen in großen Weltstädten: 2015 in Sao Paulo, 2016/17 in der Metropolregion La Paz/El Alto, 2018 in Kapstadt, 2019 im indischen Chennai.

Auch für Deutschland rechnet das Umweltbundesamt mit künftig mehr Wasserstress und -konflikten: Der private Verbrauch steigt; der Anteil bewässerter Landwirtschaft könnte, wegen des Klimawandels, von weniger als drei Prozent heute auf 30 Prozent 2050 steigen.

Anpassung tut not

Keine Frage: Eine rasche Anpassung an die weltweite Wasserverknappung ist überlebenswichtig für uns alle. Wir brauchen, wo nicht gewichtige ökologische Gründe dagegen sprechen, viele Stauseen und Auen, Überflutungsgebiete, um geballt strömende Wassermassen zu absorbieren und zu speichern. Wir müssen Grundwasserleiter und Feuchtgebiete (die auch viel Kohlendioxid speichern) schützen bzw. rehabilitieren; wir müssen die Wasserverschmutzung durch Haushalte, Landwirtschaft und Industrie weiter reduzieren; wir müssen da, wo es noch nicht geschieht, die Nutzung von Wasser für verschiedenste Zwecke koordinieren. Als *Wasserressourcenmanagement* bezeichnen Experten den planvollen Umgang mit der zunehmend knappen Ressource.

Und hier werden auch in Industrieländern noch krasse Fehler begangen: Los Angeles etwa leitet wertvolles Regenwasser ins Meer, um

Überflutungen zu vermeiden. Die Folge: Während der jüngsten Dürren musste die Verwaltung Trinkwasser, extrem teuer, aus weit entfernten Regionen nach Los Angeles leiten.

In vielen Ländern des Südens hinkt derweil, auch aus finanziellen Gründen, das *Wasserressourcenmanagement* weit hinter den Notwendigkeiten her. Ein Beispiel beleuchtet das folgende Kapitel: In Bolivien besitzt die Regierung gar nicht mal so wenig Geld; sie hat aber jahrzehntelang falsche Prioritäten gesetzt. Die Wasserkrise in La Paz/El Alto 2016/17 war insoweit hausgemacht – so wie es die völlig unzureichende Wasserversorgung der Großstadt Cochabamba bis heute ist. Zum Glück jedoch ist in Boliviens Bevölkerung eine Tradition verwurzelt, sich kollektiv selbst zu helfen, wenn der Staat versagt.

5 Wasser-Kämpfer

Abb. 18/19: **Am Tropf der Andengletscher** – Sie versorgen La Paz und El Alto mit Trinkwasser, schmelzen aber immer schneller ab.

Wie in Bolivien Stadtbewohner ihre Wasserversorgung sichern

ch kann mich gerade noch unter ein Vordach retten vor dem eiskalten Regen hier auf 4.300 Metern Höhe, in der bolivianischen Millionenstadt El Alto. Es ist Regenzeit; Wasser trommelt auf Wellblechdächer unverputzter Bauten aus Beton und roten Ziegelsteinen; braune Sturzbäche rauschen die Erdstraße hinunter. Und Elizabeth Aguilar, die in El Alto lebt, erzählt mir ausgerechnet jetzt von der Jahreswende 2016/17, als es in El Alto und La Paz, dem größten Ballungsraum Boliviens, monatelang kaum Wasser gab.

»Wir waren überhaupt nicht vorbereitet auf die Wasserkrise«, berichtet Elizabeth. »Und wir waren völlig verzweifelt, als es kein Wasser mehr gab – in unseren Häusern, in der Schule, im Krankenhaus.« Die Regierung habe schließlich Tankwagen geschickt – zweimal die Woche. »Aber es gab keine Fässer und Eimer zu kaufen, um das Wasser zu tragen. Wir Frauen schlugen uns um Eimer oder trugen ein paar Liter im Kochtopf nach Hause. Und natürlich mussten wir zusätzlich Wasser kaufen – von Leuten, die einen Brunnen hatten und viel Geld verlangten.«

Damoklesschwert des Wassermangels

Mit einer der nagelneuen Seilbahnen schwebe ich von El Alto 500 Höhenmeter zu Tale – nach La Paz, dem Regierungssitz Boliviens, um mich das Rot-Grau zehntausender an Steilhängen klebender Ziegelhütten.

Ich lasse mich über den *Prado* treiben, die mit Bäumen bestandene Flaniermeile von La Paz, auf der fast immer dichtes Gedränge herrscht. Ich stolpere fast über am Boden sitzende Straßenhändler, die CDs hochhalten, Cola-Dosen, Schmuck.

La Paz liegt auf 3.800 Metern Höhe – in zerklüftetem Gebirge direkt unter der Abbruchkante des *Altiplano*, der Hochebene in den Anden. Zusammen mit seiner Schwesterstadt El Alto ist es die höchstgelegene

Metropolregion der Welt. Hier leben fast zwei Millionen Menschen. Und jährlich kommen 50.000 Zuwanderer dazu: vor allem Bauern, die auf dem kargen Land des *Altiplano* keine Zukunft mehr sehen. 70 Prozent der Bolivianer leben inzwischen in Städten.

Aber auch dort ist der Klimawandel zusehends spürbar. Er bringt der Region kürzere, heftigere Regenzeiten und längere Trockenperioden. Die Temperaturen steigen, die majestätischen Andengletscher schmelzen; in den Flüssen, die sie speisen, schwankt der Wasserspiegel dramatisch. Und so schwebt das Damoklesschwert wiederkehrenden Wassermangels über den Schwesterstädten La Paz und El Alto, desgleichen über der etwas tiefer gelegenen Großstadt Cochabamba.

Tradition der Selbsthilfe

Doch es gibt auch Licht am Horizont: Die von der jüngsten Wasserkrise wachgerüttelten Behörden stellen sich inzwischen der lange ignorierten Wasserfrage. Deutlich entschlossener aber handeln viele der zumeist indigenen Bewohner der Hochlandstädte. Die haben sich längst

Karte 2: Bolivien

auf ihre Tradition besonnen, gemeinsame Probleme auch gemeinsam anzugehen. Sie stellen auf eigene Faust kommunale Wasserversorgungen auf die Beine. Und manche passen sich, mithilfe von Expertennetzwerken, auch erfolgreich dem Klimawandel an.

Diese kleinen Leute, die die Initiative ergreifen, sind die Klimahelden Boliviens. Da ist, zum Beispiel Luisa Cunio Ramos, die Elizabeth und ich besuchen, als der Regen nachlässt und die zahllosen Hunde in El Alto wieder zu kläffen beginnen. Die fröhlich wirkende junge Frau hält das jüngste ihrer sechs Kinder auf dem Arm, während ihr Mann Juan Alberto in seiner Schneiderwerkstatt näht. Mit süßem Tee wärme ich mich auf und schaue – hinweg über Berge von Stoffballen und Wolldecken – aus dem Fenster.

»Dort sehen Sie unsere Regenwasserauffanganlage«, sagt Luisa stolz lächelnd. »Durch die Regenrinne läuft das Wasser in den unteren Tank. Dann wird es mit einer Solarpumpe hochgepumpt in den Tank auf dem Dach. Ich brauche jetzt nur den Wasserhahn aufzudrehen und habe Wasser zum Kleiderwaschen und Putzen.«

Abb. 20: **Innovativ** – Luisa Cunio Ramos, Schneiderin in El Alto, wäscht und putzt mit Regenwasser.

Früher Skigebiet, heute Geröll

Einen Tag zuvor habe ich in La Paz Professor Edson Ramirez besucht. Im Labor des Gletscherforschers an der Universität von San Andrés fertigt ein 3D-Drucker Fassungen für Wetterstationen. Weltweit seien Gletscher auf dem Rückzug, sagt Ramirez, keineswegs nur im Himalaja. »Boliviens Gletscher haben im Augenblick noch eine Oberfläche von 350 Quadratkilometern. Das sind 20 Prozent der tropischen Gletscher weltweit; unser Nachbarland Peru besitzt 70 Prozent.«

Im oberen Teil eines Gletschers, dem Akkumulationsgebiet, werde Schnee unter Druck in Eis verwandelt, erklärt Professor Ramirez. Hier wachse der Gletscher. Im unteren Teil schmelze das Eis, der Gletscher schrumpfe. Das Verhältnis zwischen Wachstum und Schrumpfung sei besonders bei tropischen Gletschern wie denen Boliviens höchst anfällig für den Klimawandel.

»Zurzeit sinkt die Menge der Niederschläge insgesamt nicht«, sagt der Gletscherforscher. »Aber sie verteilen sich anders: Wir haben jetzt kürzere und heftigere Regenzeiten als früher. Das hat Einfluss natürlich auch auf die Gletscher in den Anden.« Tropengletscher bildeten neues

Abb. 21: **Immer weniger Eis** – Die Gletscher, zum Beispiel, an den Hängen des 6.088 Meter hohen Huayna Potosí, schmelzen zusehends ab.

Eis vor allem zur Regenzeit im Sommer, wenn zugleich die Temperaturen am höchsten sind. »Schneit oder regnet es nun in kurzer Zeit sehr viel und ist zugleich die Sonneneinstrahlung sehr stark, dann fließt besonders viel Wasser ab, bevor es zu Eis wird.«

Gletscherwasser trage, je nach Saison, zwischen 15 und 28 Prozent zur Versorgung von La Paz und El Alto bei, berichtet mir Ramirez' Kollege Carlos Olmos, Hydrologe an der Katholischen Universität von La Paz. In den letzten 40 Jahren hätten die Gletscher, die die Metropolregion versorgen, 40 Prozent an Oberfläche verloren. Bis 2050 dürften sie nochmals gut die Hälfte ihrer Oberfläche verlieren.

»Mehrere Gletscher – und zwar die, die unterhalb von 5.500 Metern Höhe liegen – werden bis 2050 verschwinden«, sagt Olmos. »Wir haben aber auch Gletscher oberhalb von 5.700 Metern. Die werden am Ende des Jahrhunderts noch vorhanden sein – wenngleich viel kleiner als heute. Insgesamt dürfte sich das Abschmelzen unserer Gletscher weiter beschleunigen. In welchem Maße dies geschieht, hängt von der weiteren Entwicklung des Klimawandels ab.«

Für La Paz und El Alto ein bedrohliches Szenario: Einige Gletscher haben bereits den Höhepunkt ihrer Schmelzwasserabgabe erreicht; andere werden ihn demnächst erreichen und dann verschwinden – so wie der *Chacaltaya*-Gletscher 25 Kilometer nördlich von La Paz. Hier lag vor 20 Jahren noch das höchstgelegene Skigebiet der Welt – auf 5.200 Metern Höhe. Jetzt sehe ich nur noch graues Geröll.

Bergbau vergiftet Gletscherwasser

An einem grauen Vormittag fahre ich bei dichtem Nebel von El Alto nordwärts, über den allmählich ansteigenden, kargen *Altiplano*. Ersilia Mamani, eine Umweltaktivistin aus der indigenen Volksgruppe der *Aymara*, begleitet mich. Die imposanten Andenriesen um uns, mit ihren weiß, grün und blau schimmernder Gletschern, bleiben uns verborgen; stattdessen sehen wir, soweit der Blick reicht, regennasse Steppe. Selbst die Lamas, die dort grasen, blicken trübe drein. Mehrmals treibt mir die riskante Fahrt durch wasserüberflutete Senken kalten Schweiß auf die Stirn. Aber wir bleiben nicht stecken.

Nach einer halben Stunde taucht links der Piste ein verfallener Friedhof auf – Relikt eines Massakers: Im Mai 1965 ermordeten Soldaten hier hunderte streikende Bergarbeiter mit ihren Familien. Wenig später

Abb. 22: **Es hat nicht gespuckt** – Trotzdem: Das trübe Wetter scheint dem Lama zu missfallen.

Abb. 23: **Massaker-Friedhof** – Hier ermordeten Soldaten 1965 mehrere hundert streikende Bergarbeiter und deren Familien.

Abb. 24/25: **Sauerei** – Illegale Kleinbergwerke verschmutzen Gletscherseen am Huayna Potosí mit Schwefelsäure und giftigen Schwermetallen.

erreichen wir einen Kanal, der Wasser aus einer Kette von vier Seen nach El Alto leitet. Das Wasser in den unteren beiden Seen schillert ölig rot, grau und gelb. Rechts der Piste verhüllen Bretter, Planen und Wellblech die Schächte illegaler Kleinbergwerke, betrieben von indigenen Kooperativen. Sie leiten ihre Abwässer in die beiden Seen.

Ich halte am Ende der Piste, an einem munter sprudelnden Gletscherbach. Ersilia Mamani deutet auf das rostende Fördergerüst einer Mine. »Wir stehen hier auf 5.000 Metern Höhe – an der Südostflanke des *Huayna Potosí* – eines Gipfels, der zur Bergkette der *Cordillera Real* gehört. Wäre es nicht so neblig, könnten wir direkt vor uns mehrere Gletscher sehen. Leider haben sich die Gletscher in den letzten Jahren stark zurückgezogen.«

Noch schlimmer aber sei, wie die Menschen mit dem Wasser der Gletscher umgehen, klagt die Umweltaktivistin. »Das ist frisches Trinkwasser, das seit Jahrhunderten die vier Seen dort unten speist und weiter nach La Paz fließt. Ein Geschenk des Himmels und von *Pachamama*, Mutter Erde.«

Seit Jahrzehnten seien die beiden unteren Seen kontaminiert, erklärt mir Ersilia; mit Grubenwässern der 1980 geschlossenen *Milluni*-Zinnmine und Dutzender kleiner Nachfolgeminen – voller Eisen, Zink und Kupfer; voller Schwermetalle wie Mangan und Cadmium. Dessen ungeachtet bilden die Seen bis heute das Rückgrat der Wasserversorgung von El Alto, das kaum 20 Kilometer entfernt liegt. In einer Aufbereitungsanlage wird das Wasser aufwändig gereinigt.

Auf der Rückfahrt nach El Alto bin ich für einen Moment wie berauscht, als der Nebel aufreißt und ich doch noch einen Gletscher des 6.100 Meter hohen *Huayna Potosí* erblicke.

Ersilia Mamani holt mich zurück in die politische Realität: Die Bergbau-Kooperativen hier hätten unter persönlichem Schutz von Ex-Präsident Evo Morales gestanden, sagt sie. Sie hätten zu seinen Stammwählern gezählt.

Regenwaldvernichtung auf Geheiß des Präsidenten

Später, in La Paz, meint Ivan Sambrana Flores, Direktor im Umwelt- und Wasserministerium, ich müsse die Dinge im größeren Kontext sehen.

»Wie Sie in Europa haben auch wir eine Geschichte, die wir nicht einfach ignorieren können«, erklärt mir Flores mit eindringlichen Gesten. »Und diese Geschichte ist vom Bergbau geprägt, von einem Bergbau, mit dem bis heute viele Bolivianer ihren Lebensunterhalt bestreiten.« Um verantwortungsbewusste Menschen handle es sich, die alles täten, ihren eigenen Lebensraum nicht zu vergiften. Und sie wüssten, dass sie die Ressourcen Boliviens nachhaltig managen müssen. »Wir als Umweltbehörde sollten sie dabei nicht repressiv unter Druck setzen, wir sollten sie ermutigen. Gemeinsam mit den Menschen, die vom Bergbau leben, müssen wir diesen Bergbau so umgestalten, dass er keine Wasserressourcen mehr schädigt.«

Derweil schädigt Boliviens Verwaltung selbst die Wasserressourcen des Landes, indem sie Jahr für Jahr hunderttausende Hektar Amazonas-Regenwald im Tiefland östlich der Anden abholzen oder abbrennen lässt. Bis 2025 will man pro Jahr eine Million Hektar zusätzlicher Agrarfläche erschließen. Land, das die Ernährung der inzwischen zwölf Millionen Bolivianer sichern solle, sagt Ivan Sambrana Flores, ein eloquenter spanischstämmiger Intellektueller.

Tatsächlich wird auf den abgeholzten Regenwaldflächen aber vor allem Soja angebaut, das zu 70 Prozent exportiert wird. Bauern dürfen zudem bis zu 50 Hektar ihres Landes »kontrolliert abbrennen«, um Weideland zu schaffen. Bolivien exportiert neuerdings viel Rindfleisch nach China.

Nicht zuletzt hat Ex-Präsident Morales den Anbau des Genussmittels Coca gefördert. Unter dem einstigen Coca-Bauern ist Bolivien zu einem der größten Regenwald-Vernichter weltweit avanciert und schädigt damit das Klima kaum weniger als viele Industrieländer.

Ob die neue Regierung die Waldzerstörung beendet, bleibt abzuwarten. Mit dem Raubbau jedenfalls schneidet sich das Land auch ins eigene Fleisch: Rußpartikel der brennenden Regenwälder wehten von der Amazonasregion hinauf zu den Andengletschern, erklärt mir Professor Edson Ramirez. Die Partikel verdunkelten die Eisoberfläche, die dann mehr Sonnenstrahlung absorbiere und noch rascher schmelze. Hinzu komme: »Wenn im Amazonasgebiet im großen Stil Bäume abgeholzt werden, ändert das natürlich auch den Wasserkreislauf: Es bilden sich weniger Regenwolken. Auch das wirkt sich auf die Gletscher aus und damit auf die Wasserversorgung der Menschen.«

Straßen statt Wasser-Infrastruktur

Während meiner Recherchen besuche ich auch die Großstadt Cochabamba, 400 Kilometer südöstlich von La Paz. Dort treffe ich Oscar Campanini, einen jungen Wasserexperten, der für einen *think tank* namens CEDIB arbeitet. Campanini beschuldigt sämtliche Regierungen der letzten Jahrzehnte, die Wasserversorgung der städtischen Bevölkerung völlig vernachlässigt zu haben. Sie hätten es vor allem versäumt, neue Staubecken zu bauen, die Gletscher- und Regenwasser für den rasant wachsenden Bedarf in La Paz und El Alto speichern, klagt Campanini. In den Städten gehe zudem fast die Hälfte des Trinkwassers in uralten Leitungsnetzen verloren; Industrie- und Haushaltsabwasser würden meist ungeklärt in die Flüsse geleitet. Aus denen wiederum bewässerten Bauern Gemüse und Obst, die auf den Märkten der Städte landen.

Seit Jahren wachse die bolivianische Wirtschaft, sagt Oscar Capanini. Und der Staat hätte längst große Summen in die Wasserversorgung investieren müssen. »Aber er hat Straßen und Wasserkraftwerke gebaut. Anstatt in die Infrastruktur des eigenen Landes zu investieren, exportiert Bolivien Strom. Erst die Dürre 2016 hat die Verwaltung aufgerüttelt. Jetzt investiert sie in Wasserprojekte – wenngleich immer noch zu wenig.«

Liebe zum Wasser

Zurück in La Paz treffe ich in einem Café am *Prado* Rosario Durán, die energiesprühende junge Leiterin von *Jaylli Uma*. Die 2014 gegründete Gruppe von 25 Frauen will traditionelle Musik bolivianischer Ureinwohner wiederbeleben und so auch an die darin enthaltene Liebe zu *Pachamama*, Mutter Erde, zum Wasser, zu den Anden, zu all den Elementen, die Leben schenken, erinnern.

»Wir wollen den Menschen mit unserer Musik Respekt nahebringen«, sagt Rosario Durán. »Respekt vor Wasser, dem Element des Lebens. Wir dürfen Wasser nicht verschwenden, sagen wir in unseren Liedern. Wir müssen mit Wasser, mit der Natur, mit Mutter Erde liebevoll umgehen; und wir müssen diese Botschaft verbreiten.« Boliviens Indigene auf dem Land hätten die Liebe zu Wasser und Natur noch in ihrem Blut, meint die Musikerin. Die Menschen in der Stadt aber müsse man dafür erst wieder sensibilisieren.

Wasserkrieg

Liebe zum Wasser – das heißt in Boliviens jüngster Geschichte auch Kampf ums Wasser. In den 1990er Jahren privatisierte Bolivien – unter dem Druck von *Internationalem Währungsfonds* und *Weltbank* – die Wasserversorgung großer Städte. Drastische Preiserhöhungen waren die Folge. Und in Cochabamba kam es zum heute legendären *guerra de agua*, zum *Wasserkrieg*. Eine halbe Million Menschen demonstrierten gegen die Privatisierung des Wassers, das für sie ein Geschenk der Natur und ein Menschenrecht verkörperte. Es kam zu Generalstreiks, zu Straßenblockaden; Coca-Bauern unter dem damaligen Kongressabgeordneten Evo Morales schlossen sich dem Protest an.

Präsident Hugo Banzer erklärte den Ausnahmezustand – vergeblich. Die Privatisierung des Wasserwesens in Cochabamba wurde zurückgenommen, einige Jahre später auch in La Paz und El Alto.

Oscar Oliveira, Bürgerrechtler in Cochabamba, kämpfte damals wie heute an vorderster Front für das in Boliviens Verfassung verankerte Recht auf Wasser. Der Wasserkrieg habe sich gelohnt, meint Oliveira, aus dessen verwittertem Gesicht noch immer kämpferische Augen blitzen. »Erstens haben wir damals Abschied genommen von der unseligen Tradition, dass wenige internationale Konzerne über eine lebenswichtige Ressource und damit über das Wohl zahlloser Menschen verfügten. Zweitens haben wir in Boliviens indigener Kultur verankerte kollektive Entscheidungsprozesse wiederbelebt. Das sind ganz andere Entscheidungsprozesse als die, wo nur der Staat entscheidet und die Menschen gehorchen. Drittens schließlich haben wir alle die tiefsitzende Angst verloren, dass letztlich jeder auf sich gestellt ist. Werte wie Solidarität, Respekt und Transparenz wurden wiederbelebt – und damit auch die Demokratie.«

Zweischneidige Gletschererschließung

Trotzdem gelten die Wasserbehörden und öffentlichen Wasserunternehmen in Boliviens Großstädten bis heute als Musterbeispiele für Ineffizienz und Korruption. In La Paz sind zwar 95 Prozent der Bevölkerung an das Leitungssystem angeschlossen; in El Alto und Cochabamba aber nur zwei Drittel.

Immerhin will der Staat die Bürger der Städte jetzt dazu bringen, systematisch Wasser zu sparen; und er will auf dem *Altiplano* zusätzliche Staudämme bauen, um mehr Schmelz- und Regenwasser für trockene Zeiten speichern zu können. 2017 etwa wurde der deutlich vergrößerte *Hampaturi*-Stausee wiedereröffnet. Er speichert jetzt bis zu sechs Millionen Kubikmeter Wasser, die rund 300.000 Menschen über die Trockenzeit bringen.

Die Erschließung weiterer Gletscher soll dafür sorgen, dass mehr Schmelzwasser nach La Paz und El Alto fließt und die Wasserversorgung dort vorläufig sichert. Das allerdings berge langfristig große Gefahren – warnt Anika Schröder. Sie ist Klimaexpertin beim deutschen katholischen Hilfswerk *Misereor*, das in Bolivien Projekte nachhaltiger Wasserversorgung unterstützt.

»Wenn jetzt die Regierung zusätzliche Gletscher für die Trinkwassergewinnung anzapft, werden noch mehr Menschen in die Stadt gelockt«, erklärt die Klimaexpertin. Diese Menschen hätten zwar vorläufig genug Wasser. »Sind in einigen Jahrzehnten aber die Gletscher wirklich abgeschmolzen, leben viel zu viele Menschen in einer Metropolregion mit viel zu wenig Wasser.«

Bolivien will, zum Beispiel, Wasser mehrerer Gletscher des 6.400 Meter hohen Andengipfels *Illimani* nach El Alto und La Paz leiten, was weitere Probleme aufwirft: Im Einzugsgebiet der Gletscher reicht das Wasser schon heute gerade noch für jene Bauern, die dort Obst und Gemüse für die Städte anbauen. Wird noch mehr Wasser in die Metropolen abgeleitet, ist die landwirtschaftliche Produktion bedroht. Seit langem schwelende Wasserkonflikte zwischen ländlicher und städtischer Bevölkerung könnten ausbrechen.

Trinkwasser in die Kloake

Wasserexperte Oscar Campanini hat mir die desolate Situation in Cochabamba geschildert. Um die Metropolregion mit ihren 1,6 Millionen Einwohnern ordentlich mit Wasser zu versorgen, sei 30 Jahre lang der *Misiguni*-Staudamm gebaut worden. »Immer wieder gab es technische Probleme. Baufirmen gingen pleite und wurden ausgetauscht. Der Preis für den Damm vervielfachte sich im Laufe der Jahre.«

Das Schlimmste aber: Im Hintergrund agierende Interessen und chaotische Planung haben dafür gesorgt, dass der Großteil des Wassers aus dem Staudamm gar nicht als Trinkwasser genutzt wird. Die bereitgestellten 400 Liter Trinkwasser pro Sekunde reichen gerade mal, um ein einziges Stadtviertel mit Wasser zu versorgen. 3.000 Liter pro Sekunde aber treiben ausschließlich Strom produzierende Turbinen an und fließen dann direkt in den *Río Rocha* – eine Kloake, in die

Papier-, Glas, Leder- und Chemiefabriken ihre kaum geklärten Abwässer leiten.

In seiner Not hat das kommunale Wasserunternehmen *SEMAPA* immer mehr Brunnen gebohrt – in der seit langem abgeholzten Gebirgsregion oberhalb Cochabambas, wo Regenwasser schnell abfließt und die Böden wenig Grundwasser speichern. Die Grundwasserreservoirs seien chronisch überbeansprucht, sagt Campanini. »Aus vielen Brunnen kommt nur noch salziges Wasser, das zum Trinken ungeeignet ist und bei der Bewässerung Pflanzen wie Böden schädigt.«

Nur die Hälfte der *Cochabambinos* erhalte überhaupt Leitungswasser, erfahre ich – bessergestellte Stadtviertel zwei Stunden pro Tag, andere zwei Stunden pro Woche. Wohlhabende Haushalte verfügen über Tanks auf dem Dach, die sie füllen, wenn Wasser kommt.

Die meisten Haushalte aber müssen zusätzlich oder ausschließlich Wasser von oft zweifelhafter Qualität aus Tankwagen kaufen. Die Tanks auf Rädern fahren zu hunderten Tag und Nacht durch die Stadt; ihr Hupkonzert ist überall hörbar. Tankwagenwasser, das in 200 Liter-Fässer abgefüllt wird, kostet zehnmal so viel wie Leitungswasser. Die Ärmsten zahlen also die bei weitem höchsten Preise für Wasser.

Wasserversorgung per Selbsthilfe

Im Schatten des öffentlichen Wasserwesens von Cochabamba haben sich, vor diesem Hintergrund, lokale Systeme der Selbsthilfe entwickelt. Solche Systeme versorgen inzwischen 30 Prozent der Bevölkerung und funktionieren zum Teil erstaunlich effizient. Selbstbewusste Bürger machen, demokratisch organisiert, ihr eigenes Ding, weil der Staat das Grundbedürfnis nach Wasser nicht befriedigt.

Ein eher schlichtes Beispiel erlebe ich in *Barrios Unidos*, einem armen Wohnviertel im Süden Cochabambas, das vom öffentlichen Wasserwerk nicht versorgt wird. Früher kaufte hier jeder Haushalt für sich Wasser von Tankwagen und zahlte zehnmal so viel wie wohlhabende *Cochabambinos* im Norden. Mit Abdíos Torres, dem Leiter des örtlichen Wasserkomitees, besteige ich einen Hügel und erblicke auf sechs mal sechs Metern Grundfläche einen größtenteils unterirdischen Betontank, gesichert mit Stacheldraht.

»Dies ist der Tank unseres Wasserkomitees«, erklärt Torres mit feierlichem Stolz in der Stimme. »Die Tankwagen, die Sie dort sehen, bringen uns Wasser aus Brunnen nördlich von Cochabamba.« Ein Zähler im Tank

Abb. 26: **Billiges Wasser für wohlhabende Cochabambinos** – Sie füllen, wenn Leitungswasser fließt, für wenig Geld den Tank auf dem Dach.

Abb. 27: **Teures Wasser für die Bewohner von Barrios Unidos** – Sie sind auf Tankwagen angewiesen.

misst unbestechlich, wie viel Wasser jeder Tankwagen einfüllt. »Nur so viel zahlen wir dann auch. Wir lassen uns von keinem Tankwagenfahrer über den Tisch ziehen.« Abdíos Torres zeigt mir Wasserleitungen, die in jedes Haus von *Barrios Unidos* führen. »Niemand bei uns muss mehr Wasser direkt vom Tankwagen kaufen – wie die Leute in den *Barrios* ringsum.«

Auch die Qualität des Wassers werde von einem Labor regelmäßig geprüft, sagt Torres, der einen kleinen Kiosk besitzt. Dort wartet Paulina Coca Andrade, die resolute Buchhalterin des Wasserkomitees. »Vor einiger Zeit hatten wir mal ein Defizit auf unserem Wasserkonto«, berichtet sie verlegen lächelnd. »Wir konnten die Tankwagen nicht mehr bezahlen, weil so viel Wasser auf dem Weg in die Häuser verloren ging. Deshalb montieren wir die Zähler jetzt außerhalb der Häuser. Da können wir sie besser kontrollieren.«

Zehn *Bolivianos*, einen *Euro* dreißig, pro Kubikmeter zahlt das Komitee den Tankwagenunternehmen. Die Verbraucher zahlen 15 Bolivianos. Das sei immer noch dreimal so viel, wie die Wohlhabenden im Norden bezahlen, sagt Paulina. Aber die Bürger von *Barrios Unidos* verfügen jetzt über eine zuverlässige Versorgung mit sauberem Wasser.

Hilfe von Fachleuten

400 Kilometer entfernt von Cochabamba, in La Paz, lausche ich einer Besprechung der kleinen Hilfsorganisation *Red Habitat* mit Bürgervertretern aus El Alto. In den letzten 20 Jahren habe sich der Wasserverbrauch in der Metropolregion verdreifacht, berichtet der Leiter der Organisation David Quezada.

Am stärksten steige, wegen des raschen Bevölkerungswachstums, der Verbrauch in El Alto. In den Reichenvierteln von La Paz verschwendeten derweil viele Leute Wasser, als gäbe es kein Morgen. Tatsächlich habe ich in villenbestandenen Straßen der Stadt eine Sprinkleranlage neben der anderen gesehen; und Chauffeure wuschen Autos mit sattem Wasserstrahl aus dem Schlauch.

Neue Staudämme machten zwar weitere Wasserkrisen in La Paz und El Alto vorläufig weniger wahrscheinlich, sagt Quezada. »In den Städten aber geht bis heute fast die Hälfte des Wassers verloren – weil die Druckregulierung nicht funktioniert; weil die Leitungen überaltert sind und viele Leute illegal Wasser abzapfen.« Außerdem gebe es in La Paz drei Trinkwassernetze, die sich aus unterschiedlichen Wassereinzugsgebieten speisen, aber nicht miteinander verbunden seien. »Da kann kein Netz die anderen unterstützen, wenn das Wasser mal knapp wird.«

Die Ingenieure, Architekten, Wasserexperten und Sozialarbeiter von *Red Habitat* erforschen, wie sich die Wohn- und Wassersituation der Armen in La Paz und El Alto verbessern lässt und wie sich arme Menschen hier nachhaltig an den Klimawandel anpassen können – mit möglichst einfachen Mitteln. Die Organisation entwickelt Frühwarnsysteme für Dürren und Flutkatastrophen; sie betreibt Modellprojekte und organisiert Informationskampagnen: Bürger, Schulen, Krankenhäuser, Behörden und Industrieunternehmen werden, zum Beispiel, dafür sensibilisiert, wirksam Wasser zu sparen. Mit engagierten Bürgern und lokalen Behörden erarbeitet *Red Habitat* zudem Verordnungen, die den Umgang mit Wasser regeln. Zwei Projekte von *Red Habitat* habe ich besucht – das erste in La Paz:

Tomasa Gutierrez Choque trotzt dem Steilhang

Von der Innenstadt aus laufen *Red Habitat*-Ingenieur Guillermo Callisaya und ich viele hundert Stufen hinauf zum *Barrio Chulluma*, schwer atmend in der dünnen Höhenluft hier. Das Armenviertel liegt an einem Steilhang – so wie fast 70 Prozent der Stadt. La Paz sei geologisch sehr jung, sagt Callisaya. Geröll, Erde und Sand bewegten sich im Untergrund, dazu fast 400 Wasserläufe. Mit dem Klimawandel zunehmender Starkregen erhöhe die Gefahr von Erdrutschen. »Und leider kaufen viele Leute Land, das eigentlich gar nicht bebaubar ist.«

Tomasa Gutierrez Choque, die Präsidentin des *Barrios Chulluma*, wartet schon. Sie ist eine kleine, sehr energisch wirkende Frau, die mehrere Röcke übereinander trägt – gegen den eisigen Wind, der hier oben bläst. Tomasa Choque lässt sich seit Jahren von *Red Habitat* beraten. »Bis vor einigen Jahren«, sagt sie, »lebten wir hier an einem rutschigen Geröllhang.« Jetzt führen solide Betontreppen und Wege durch das Viertel. Die meisten der roten Ziegelhäuschen stehen auf stabilen, tief im Boden verankerten Fundamenten.

»Viele Siedlungen hier sind nicht so gut geschützt wie *Chulluma*«, sagt die Präsidentin. »Ein Problem ist nur, dass seit einigen Monaten oberhalb von uns neue Hütten gebaut werden – von Leuten, die woanders keinen Platz gefunden haben. Völlig ungesichert leben sie dort, hineingegraben in den Lehm am Abhang.«

Abb. 28/29: **Die Präsidentin** – Dank Tomasa Gutierrez Choque und Red Habitat besitzt Chulluma eine professionell eingefasste Quelle und befestigte Wege.

Tomasa Gutierrez Choque hat schon viele Häuser abrutschen sehen – samt Möbeln und Kleidern. »Ich weiß noch, wie vor einigen Jahren ein Wolkenbruch einem Haus unterhalb von meinem das Dach wegriss. Die Nachbarn, denen es gehörte, konnten zwar fliehen; sie verloren aber ihre gesamte Einrichtung und mussten sich weiter weg ein neues Haus bauen.«

Die Präsidentin führt uns zu einem unbebaubar steilen Hang, der mit mehreren Reihen Gabionen, mit Steinen gefüllten Drahtkörben, gesichert ist. »Früher raste hier, wenn es stark regnete, ein Sturzbach durch – bis runter zum Friedhof dort unten. Schritt für Schritt haben wir den Hang dann stabilisiert und die Gabionen errichtet – zusammen mit *Red Habitat* und einem Bauunternehmen. Als ich hierher kam, gab es das alles nicht. Keine Wege, nichts. Alles haben wir selbst gebaut – auch den Weg, auf dem wir gerade stehen.«

Wir blicken auf einen in den Hang gebauten Betonbehälter, von dem aus Leitungen in die Siedlung führen: ein Wassertank, gespeist von einer der vielen Grundwasserquellen an den Hängen von La Paz. Die Quelle hier war bis vor wenigen Jahren schutzlos der Verschmutzung ausgesetzt. »Mit den Bewohnern von *Chulluma* haben wir sie so erschlossen, dass man sie gefahrlos nutzen kann«, erklärt mir Ingenieur Guillermo Callisaya. »In einem geschlossenen System durchläuft das Wasser mehrere Filterstufen. Dann wird es im Tank so desinfiziert, dass wir es als Trinkwasser in die Häuser der Siedlung leiten können.«

Die 300 Familien *Chullumas* besäßen jetzt eine nachhaltige und zuverlässige Wasserversorgung, sagt Callisaya. Das sei nicht selbstverständlich in Zeiten des Klimawandels. »Und damit auch noch unsere Enkel aus dieser Quelle trinken können, gehe ich regelmäßig von Haus zu Haus«, sagt Tomasa Gutierrez Choque lächelnd. »Ich kassiere pro Haushalt zwei Bolivianos monatlich für die Wartung der Anlage. Und viermal im Jahr müssen alle bei der Reinigung helfen.«

Regen bringt Segen

In El Alto, mit seinen immer gleichen Ziegelbauten an schnurgeraden Pisten, ist es kalt und feucht am nächsten Morgen. Die Männer auf den Straßen haben sich in Anoraks vermummt und richten ihre Blicke zu Boden; Frauen hüllen sich in wollene Schals; selbst die Kinder haben die Mundwinkel heruntergezogen. Um 1960 wurden hier die ersten Häu-

Abb. 30: **Kalt, windig, nass und öd** – El Alto, gelegen auf über 4.000 Metern Höhe, wirkt vielerorts wenig einladend.

ser gebaut, erzählt Guillermo Callisaya. Inzwischen wuchert die ärmere, schäbigere Schwester von La Paz haltlos ins Umland. Und immer mehr Menschen hier kümmern sich selbst um ihre Wasserversorgung – weil vom Staat zu wenig kommt.

Mit Callisaya und dem Leiter von *Red Habitat*, David Quezada, besuche ich im Viertel Atalaya die Schneiderin Estefa Ramos. Das gelb getünchte Häuschen der sechsköpfigen Familie ist umgeben von einem kleinen Garten, in dem Kartoffeln und Zwiebeln wachsen. Vom Hausdach führt ein graues Kunststoffrohr zu einem Betonsockel. Darauf stehen drei miteinander verbundene Kunststoffzylinder und ein schwarzer Tank. Darunter ein Betonbecken zum Wäschewaschen.

Das Sammeln von Regenwasser habe eine lange Tradition bei den aus dem ländlichen *Altiplano* stammenden Ureinwohnern Boliviens, erklärt mir Guillermo Callisaya. »Wir, *Red Habitat*, haben nur die Technik verbessert.« Die Tanks stellen die Menschen in Workshops gemeinsam her; desgleichen den vorgeschalteten dreistufigen Filter, der zunächst grobe Verunreinigungen aus dem Wasser entfernt – und schließlich ganz feine Partikel.

Abb. 31: **Tradition 1** – Zur farbenprächtigen Kleidung der Aymara-Frauen zählt auch der Bowler (Bombín), den einst britische Eisenbahningenieure nach Bolivien brachten.

Abb. 32: **Tradition 2** – Fast jeder in El Alto geht gelegentlich zum Consejero Espiritista, der aus dem Rauch eines Holzfeuers die Zukunft liest.

Brauchwasser für Klo und Gemüse

Estefa Ramos legt ein paar Blusen ins Becken und dreht den Wasser-hahn auf. Gebrauchtes Wasser, sagt sie, fließe in die Klospülung und bei Bedarf auch in die Bewässerung von Sträuchern und Gemüse im Garten.

»Als ich von dem Projekt hörte, war ich gleich Feuer und Flamme«, sagt die junge Frau strahlend. »Ich hatte ja vorher schon Regenwasser aufgefangen – zum Putzen vor allem. Dazu hatte ich einfach ein Fass unter die Regenrinne unseres Hauses gestellt. Das neue Projekt haben wir in der Gemeindehalle ausführlich besprochen. Und anschließend haben wir alle zusammen die Teile besorgt oder selbst hergestellt.« Jetzt habe sie genug Wasser zum Wäschewaschen, Geschirrspülen und Duschen, sagt Estefa. Und die Familie benutze inzwischen auch die Toilette im Haus. Das hätte sie früher nicht gemacht, weil das Wasser für die Spülung zu teuer war.

Abb. 33: **Selbst gebaut** – Die Komponenten der Regenwasserauffanganlagen werden in Gemeinschaftsarbeit nicht nur hergestellt, sondern auch installiert.

Wie groß ist mein Wasserfußabdruck?

Red Habitat habe 130 Haushalte in La Paz und El Alto mit Regenwasser-auffanganlagen ausgestattet, berichtet Guillermo Callisaya. Die knapp 200 Euro pro Anlage wurden vom deutschen Hilfswerk *Misereor* finanziert.

Regenwasser nutzten die Menschen nicht nur, um Geld zu sparen oder überhaupt Wasser zu bekommen, betont Callisaya. »Wir sensibilisieren die Leute auch in Sachen Umwelt und Klima. Wir erklären Ihnen, welchen Wasserfußabdruck sie hinterlassen und wie sie Wasser sparen können.« Die meisten Familien in Atalaya verbrauchten 90 bis hundert Liter pro Kopf und Tag. Das seien immerhin 15 Kubikmeter pro Monat für eine fünfköpfige Familie. »Wer Regenwasser auffängt, braucht, wenn er denn angeschlossen ist, um die Hälfte weniger Wasser vom Wasserwerk. Vor allem das Wäschewaschen erledigen die Leute jetzt mit Regenwasser.«

In El Alto leben überwiegend Ureinwohner der *Aymara*. »Unsere Modellprojekte sollen die bei ihnen verwurzelte Idee der Regenwasser-nutzung in die Stadt tragen, sagt David Quezada. Das sei nachhaltige Anpassung an den Klimawandel. Tatsächlich haben sich schon mehrere Nachbarn der Familie Ramos inspirieren lassen und auf eigene Faust Regenauffanganlagen gebaut.

Auch das Wohnungsbauministerium beißt an

Auch Boliviens Wohnungsbauministerium habe angebissen, erzählt Quezada. »Wir haben einen Leitfaden, in dem wir die Technik detailliert erläutern, leitenden Mitarbeitern des Ministeriums vorgelegt. Mit durch-schlagendem Erfolg: Inzwischen installieren die Behörden bei ihren Hausbauprogrammen im ländlichen Bolivien ganz ähnliche Anlagen.«

120.000 Wohnungen in ländlichen Regionen wurden bereits mit Regenauffanganlagen ausgestattet; außerdem viele Schulen, damit sich die Kinder dort die Hände waschen. Ohne *Red Habitat* gäbe es diese Anlagen wohl nicht, meint David Quezada. Demnächst will er den Proto-typen einer Anlage vorstellen, die Regen- in Trinkwasser verwandelt. Eine Alternative vielleicht für hunderttausende Bewohner El Altos, die sich bis heute aus Tankwagen versorgen.

6. Klimagedanken III:
Wald und Landwirtschaft

Wälder, die früher weit größere Flächen bedeckten als heute, sind Lebensraum für 80 Prozent aller Tierarten auf dem Festland; sie liefern Nahrungsmittel, speichern Wasser, stabilisieren und beschatten Ackerböden – was vielerorts Landwirtschaft erst möglich macht. In Wäldern erholt sich der Mensch; sie liefern Bauholz und (wenngleich gesundheitsschädlich) als Brennholz 40 Prozent der erneuerbaren Energie; mehr als Wasser-, Sonnen- und Windenergie zusammen.

Und: Wälder sind, nach Feuchtgebieten, der größte Kohlendioxid-Speicher; sie absorbieren pro Jahr zwei Milliarden Tonnen CO_2. Kurz, wir tun gut daran, die Wälder der Erde zu schützen und zu mehren.

Landwirtschaft verdrängt Wald

Während sich in gemäßigten Regionen der Waldbestand stabilisiert hat, geht bis heute viel Tropenwald verloren. In den 1990er Jahren verschwanden 7,3 Millionen Hektar jährlich; zwischen 2010 und 2015 »nur« 3,3 Millionen Hektar pro Jahr. Neuerdings jedoch muss in Brasilien und Bolivien wieder extrem viel Regenwald dem Sojaanbau weichen.

Landwirtschaft liefert uns den Großteil unserer Nahrung. Zwei Milliarden Menschen leben von ihr, in Afrika über die Hälfte der Bevölkerung.

Dort und in großen Teilen Asiens wie Südamerikas sind die meisten bäuerlichen Betriebe bis heute Familienbetriebe. Doch der Anteil der Agrarindustrie, die auf riesigen Flächen maximale Erträge anstrebt, wächst – aus naheliegenden Gründen. Die Agrarindustrialisierung Europas, Amerikas und Australiens sowie die *Grüne Revolution* in Asien haben gewaltige Zuwächse an Produktivität erzielt. Die Nahrungsmittelproduktion ist deutlich schneller gewachsen als die Bevölkerung. Der Hunger ist zurückgegangen.

Der Preis dafür allerdings ist hoch: Wälder werden vernichtet, Böden übernutzt, Grundwasser mit Nitrat belastet, Flüsse mit Pestiziden und Dünger vergiftet, Tier- und Pflanzenarten ausgerottet, fossile Energieträger verbraucht. Und das Klima wird immer stärker belastet –

mit Kohlendioxid, mit Methan aus Rinderpansen, mit Stickstoffverbindungen aus Kunstdünger, Gülle und Mist. Insgesamt ist die Landwirtschaft für fast ein Viertel der Treibhausgasemissionen verantwortlich. Und ihr größter Klimaschädling ist die Fleischproduktion.

Fleischproduktion als Klimagift

Riesige Wald- und Grasflächen Südamerikas sind heute intensiv bewirtschaftete Sojafelder, über denen Flugzeuge Pestizide versprühen. 95 Prozent der Weltsojaernte, Millionen Tonnen auch an Mais und Weizen werden an Masttiere verfüttert. China, zum Beispiel, importiert jährlich 80 Millionen Tonnen Soja, um 700 Millionen Schweine zu mästen, die in gestapelten Käfigen ihrer Schlachtung entgegenvegetieren.

Eine gigantische, ethisch verwerfliche Ressourcenverschwendung: Anstatt Menschen zu ernähren, werden je sieben Soja-Kalorien in eine Rindfleisch-Kalorie verwandelt. In einer Studie der Göteborger Chalmers-Universität lese ich, dass die Intensivproduktion eines Kilos Rindfleisch der Emission von 200 Kilo CO_2 entspricht. Insgesamt jagt die Fleischproduktion jährlich um die Hälfte mehr Treibhausgase in die Luft, als die Wälder absorbieren.

Mit solchen Feststellungen oute ich mich übrigens nicht als Vegetarier: Zwei Drittel der Agrarflächen weltweit lassen sich landwirtschaftlich nur als Weide nutzen. Dort produzierte Fleisch- und Milchprodukte dürften reichen, um den vernünftigen Bedarf der Menschheit zu decken – wenngleich die Produkte natürlich teurer wären als Sojamastfleisch. Auch ein Minimum an Tierwohl wäre gewährleistet.

Landwirtschaft ist auch Opfer des Klimawandels

Die Landwirtschaft ist Verursacher, aber auch Opfer des Klimawandels: Steigende Temperaturen könnten zwar in manchen Regionen – wie Nord-China, Russland oder der Pampa Südamerikas – die Ernteerträge steigern; überwiegen aber dürften die negativen Folgen:
– Heftigere Unwetter überschwemmen Felder, zerstören Ernten und lösen Erdrutsche aus. Die so weiter angeheizte Bodenerosion vernichte bereits heute zehn Millionen Hektar Ackerland jährlich, sagt die *Welternährungsorganisation* (FAO).

– Infolge heißerer und längerer Trockenperioden wüchsen die Dürreregionen um jährlich ein Prozent, sagt der Weltklimarat.
– Der Anstieg des Meeresspiegels führt zur Versalzung von immer mehr Anbauflächen in Küstennähe. Betroffen sind u. a. indonesische Inseln und das Mündungsdelta der Flüsse Brahmaputra, Ganges und Meghna in Bangladesch.

Und die Lage dürfte sich weiter zuspitzen:

– Die Produktivität der Landwirtschaft wird besonders stark in Regionen abnehmen, die heute von Gletschern bewässert werden. Dort drohen in den nächsten Jahrzehnten Überflutungen, dann, ab Ende dieses Jahrhunderts, Wassermangel.
– Weltweit dürften ab 2030, so der Weltklimarat, die Ernteerträge um bis zu zwei Prozent pro Jahrzehnt sinken, während die Nachfrage um etwa 14 Prozent pro Jahrzehnt steigt. Dass dies die Preise für Nahrungsmittel in die Höhe treibt und sie für arme Menschen schwerer erschwinglich macht, scheint unvermeidlich. Hunger und Mangelernährung könnten wieder zunehmen.
– Die Klimaerwärmung dürfte die Wasserknappheit insbesondere im Afrika südlich der Sahara weiter verschärfen. Hier ernährt sich die rasant wachsende Bevölkerung heute noch zu 95 Prozent von Regenfeldbau, wird sehr bald aber auf künstliche Bewässerung angewiesen sein.

Es ergibt sich die Frage: Wie sollten wir Wald und Landwirtschaft nutzen, um zum einen Klima- und Umweltschäden zu minimieren und zum anderen Bedürfnisse der Menschen optimal zu erfüllen?

Den Wald verteidigen

Zunächst dürfen wir Waldvernichtung nicht länger tolerieren. Wälder sind unser aller Erbe und Lebensversicherung. Einzelne und auch einzelne Länder dürfen kein Recht haben, sie zu zerstören. Zugleich müssen wir Menschen, die für uns Wald erhalten, honorieren – und von Klimagerechtigkeit nicht nur reden.

Wir müssen auch die Wälder Europas erhalten, denen Hitze, Dürre und Stürme bereits arg zugesetzt haben. Deutschlands Fichten leiden unter der größten Borkenkäferplage seit Jahrzehnten; viele Buchen haben lichte Kronen – Folge einer Art Sonnenbrand, glauben Experten. Laubbäume wie Eschen, Ulmen und Ahorn werden von immer neuen Krankheiten, Insekten und Pilzen befallen.

Wollen wir Europas Wald bewahren und seinen Klimanutzen optimieren, sind Monokulturen aus Nadelbäumen ein No-Go; stattdessen
sind Mischwälder aus stressresistenten Bäumen angesagt. Dazu gehören auch gebietsfremde Arten wie Douglasien aus Nordamerika oder
Eichen aus dem Mittelmeerraum.

Nicht zuletzt müssen wir Zielkonflikte zwischen Natur- und Klimaschutz managen: Um Biodiversität zu schützen, sollten wir möglichst viele
Wälder zu Naturschutzgebieten machen. Um das Klima zu schützen, sollten wir möglichst viele Wälder bewirtschaften. Verrottende Bäume nämlich setzen Kohlendioxid frei; Holz dagegen, das zu Dachstühlen, Häusern
und Möbeln verbaut wird, bindet CO_2. Nachhaltige Waldbewirtschaftung
schafft zudem dauerhaft Einkommen; ländliche Haushalte in Entwick-
lungsländern bestreiten 20 Prozent ihres Lebensunterhalts aus Wäldern.

Lebensmittelverschwendung muss aufhören

Landwirtschaft muss einerseits die Ernährung aller Menschen sicher-
stellen sowie andererseits möglichst geringen Umwelt- und Klimaschä-
den anrichten. Dazu müssen wir Verschwendung vermeiden: Mit jedem
Steak aus Intensivhaltung, das wir essen, heizen wir den Klimawandel
an. Deshalb sollte der Fleischpreis auch versteckte Kosten spiegeln: den
Verlust an Wald, den Ausstoß von Methan, Tierleid, den Hunger der
Menschen, denen Sojakonzerne die Existenz rauben.

Ein schier unfassbarer Skandal ist, dass bis heute weltweit ein Drittel
aller Lebensmittel weggeworfen wird – auch bei uns. Wer hat noch nicht
gesehen, wie Angestellte im Supermarkt »abgelaufenes« Fleisch, Käse,
Obst und Gemüse in den Müll werfen? Warum ist das in Deutschland,
im Gegensatz etwa zu Frankreich, erlaubt? Warum kann, allen Ernstes,
ein Staatsanwalt Studentinnen, die aus dem Müll eines Supermarkts Lebensmittel fischen, wegen »besonders schweren Diebstahls« anklagen?

Wir Deutsche werfen jährlich 18 Millionen Tonnen Lebensmittel weg,
schätzt der WWF. Deshalb sage ich meiner Enkelin, sie möge doch bitte
den Teller leer essen, den sie sich gefüllt hat. Und wie meine Frau aus
Resten köstliche Mittagessen zaubert, erstaunt mich immer wieder. Wann
endlich tun die Politiker etwas gegen die Verschwendung?

Wenige wissen, dass auch in armen Ländern ein Drittel der Lebensmittel in der Gosse landet. Wie oft habe ich in afrikanischen Dörfern
dilettantisch konstruierte Getreidespeicher gesehen, deren Inhalt allem

möglichen Ungeziefer und giftigen Pilzen anheimfiel? Wie oft habe ich am Straßenrand gestrandete Lastwagen gesehen, die ihre Ladung an Mangofrüchten oder Bananen in den Graben gekippt hatten? Wie oft habe ich mit Bauern gesprochen, die ihre Mangofrüchte am Baum verfaulen ließen? Alle Mangos der Region waren zugleich reif; und der Preis war für ein paar Wochen so niedrig, dass sich nicht einmal die Ernte lohnte.

Gegen Ernte- und Nachernteverluste tun Regierungen betroffener Länder und die Entwicklungszusammenarbeit bis heute viel zu wenig. Und die Bauern allein sind in der Regel überfordert. Besserer Zugang zu Märkten, bessere Lager- und Verarbeitungskapazitäten würden die Verluste und damit auch Mangelernährung, Armut sowie den Klima-Fußabdruck der Landwirtschaft erheblich reduzieren.

Agroforstwirtschaft

Viele Menschen glauben, Wald stehe in Konkurrenz zum Ackerbau. Aber müssen Bäume wirklich gerodet werden, um effizienten Anbau von Getreide, Hülsenfrüchten oder Gemüse zu ermöglichen? – Vielleicht, wenn die Bäume GPS-gesteuerten Selbstfahrer-Maschinen im Wege stehen. Nachhaltiger ist es allemal, das Potential von Bäumen sowohl für das Klima als auch für die Landwirtschaft zu nutzen – in armen Ländern des Südens, aber auch bei uns:

– Bäume stabilisieren mit ihren Wurzeln Böden, halten Wasser und verhindern Bodenerosion.
– Bäume machen Böden, die zunächst wenig geeignet für den Anbau von Gemüse und Getreide sind, mit der Zeit fruchtbarer. Sie düngen die Böden mit ihren Blättern; sie holen mit ihren Wurzeln Nährstoffe aus tiefer liegenden Erdschichten herauf.
– Bäume schützen Gemüse und Getreide vor Wind, Starkregen und zu viel Sonne. Kakao und Kaffee etwa wachsen gern im Schatten weit ausladender Baumkronen; Gummibäume lassen sich gut in einen Mischwald integrieren.
– Mit Bäumen lassen sich sehr gut auch Grundstücksgrenzen und Terrassen an Berghängen markieren und befestigen.
– Nicht zuletzt federn Früchte von Bäumen sowie Waldbeeren und Pilze Nahrungsmittelengpässe ab; für Brennholz müssen Frauen und Kinder, die eigene Bäume nutzen, weniger weit laufen.

Agroforstwirtschaft nennen all das die Fachleute. Und die FAO schätzt, dass fast 1,5 Milliarden Hektar Land weltweit dafür geeignet sind, Forst- und Landwirtschaft zu kombinieren. Hier liege ein gewaltiges Potenzial, die Widerstandskraft der Bevölkerung gegenüber dem Klimawandel zu stärken und das Klima zu schützen.

Zauberwort »Diversität«

Diversität heißt das Zauberwort der Agroforstwirtschaft: Vielfalt an Lebewesen und Agrarprodukten – mit vielfältiger Wechselwirkung: Pflanzen, Tiere und Inputs des Menschen befruchten sich gegenseitig – in einem dynamischen und produktiven Gleichgewicht. Von »Synergieeffekten« sprechen Betriebswirtschaftler. Agroforstwirtschaft blickt nicht auf die Herstellung eines einzigen Produkts, der sich alles unterzuordnen hat; sie blickt aufs Ganze und ist insoweit Teil der *agrarökologischen* Landwirtschaft.

Agrarökologie ist ein schillernder und kontrovers benutzter Begriff: Die einen denken romantisch an die Rückkehr zu den Wurzeln, zu einer *Alles Bio*-Landwirtschaft, in innigem Einvernehmen mit Mutter Erde. Andere denken an sich, wenig produktiv, halbtot malochende Subsistenzbauern, die nie auf einen grünen Zweig kommen.

Unbestritten ist eine stark diversifizierte, auch Bäume und Wald integrierende Landwirtschaft im Vergleich zu Monokulturen deutlich weniger anfällig für Fluten, Dürren und Schädlinge, die der Klimawandel mit sich bringt. Der Einsatz von – statt Kunstdünger – Stickstoff freisetzenden Hülsenfrüchten, Mist und Kompost hält Böden gesund und schont das Klima; selbst hergestellte Bio-Pestizide bewahren Böden, Wasser und den Menschen vor Vergiftung. Die Vielfalt der von »Öko-Bauern« angebauten Produkte verhindert überdies Mangelernährung. Und Stürme, Starkregen, Dürre, Insekten oder Pilze vernichten regelmäßig nur einen Teil ihrer Erzeugnisse. Es bleibt immer etwas Essbares übrig, das der Bauernfamilie über die Krise hilft.

Andererseits ist agrarökologische Landwirtschaft, angepasst an je lokale Bedingungen, eine Kunst, die sehr viel, auch traditionelles Wissen erfordert. Und diese Landwirtschaft ist extrem arbeitsintensiv. In all den Dörfern Afrikas, Asiens und Südamerikas, wo ich Öko-Landwirtschaft beobachtet habe, waren in erster Linie die Bauern erfolgreich, die mit viel Energie, Fleiß, Mithilfe der ganzen Familie sowie dem berühmten *grünen Daumen* operierten. Diese Form der Landwirtschaft lässt sich denn auch am ehesten in kleinen Betrieben realisieren, wo Arbeit als Kostenfaktor weitgehend ausgeblendet wird. Und solche Betriebe erwirtschaften dann häufig Erträge, die sich von denen der Agrarindustrie nicht verstecken müssen.

Agrarökologie beseitigt keine Armut; sie verhindert auch kaum die Flucht junger Menschen vor der unendlichen Mühsal auf handtuchgroßen Feldern. Aber sie verkörpert für hunderte Millionen Bauernfamilien weltweit eine solide Versicherung gegen die Unbilden des Klimawandels. Die Agrarindustrie tut gut daran, sich Einiges abzuschauen.

Sie retten Wälder, Landwirtschaft und Klima

Auf drei Kontinenten habe ich Menschen besucht, die sich für Bäume, Wälder und klimatisch angepasste Landwirtschaft engagieren: In Niger haben der Australier Tony Rinaudo und hunderttausende von ihm inspirierte Bauern eine Art Weltrevolution der Agroforstwirtschaft begonnen, die auch anderswo in Afrika, etwa in Äthiopien, zusehends Fuß fasst.

In den zumeist öden Bergen Haitis habe ich Waldgärtner kennengelernt, bei denen ich mich wie im Paradies gefühlt habe. In Schottland schließlich habe ich das größte Wiederaufforstungsprogramm Europas gesehen.

7 Wald-Macher

Abb. 34/35: **Die Frau mit der Hacke** – Vor 40 Jahren wuchsen noch keine Bäume zwischen den Lehmhütten und auf den Feldern des Dorfes Guidan Jido. Und Hurera Ibrahim musste für wenig Brennholz stundenlang laufen und hacken.

Wie in Niger und Äthiopien Bauern Untergrundbäume wiederbeleben

H urera Ibrahim, eine wohl 80-jährige Frau, ist aus dem Portal einer graubraunen Lehmmauer getreten – einen Eimer mit Brennholz auf dem Kopf, der von einem weiß-braun gepunkteten Schleier, dem Hijab, verhüllt ist. »Warum bist du hier?«, fragt die alte Frau mich und erzählt dann von einem lebenswichtigen Thema hier in Guidan Jido, einem Dorf in der Sahelzone des westafrikanischen Niger.

Die Sahelzone ist ein quer über den afrikanischen Kontinent reichender Halbwüstengürtel zwischen der Sahara und den Tropen, in dem sich die Wüste seit Jahrzehnten immer weiter nach Süden ausbreitet. Nicht so in Guidan Jido – sagt die alte Bäuerin. »Sehen Sie all die Bäume bei uns – im Dorf und auf den Feldern? Viele sind noch jung; aber sie geben unserer Hirse schon ein wenig Schatten; ihre Blätter düngen den Boden. Und die Samen der *Gao*-Bäume kochen wir, mit Hirse vermischt, oder wir machen ein Getränk daraus, das wie Kaffee schmeckt.«

Bäume liefern den Bauern der Sahelzone seit Menschengedenken Feuerholz, Blätter und Früchte als Nahrungs-, Futter- und Heilmittel. Blätter vieler Baumarten düngen, weil sie Stickstoff binden, die Äcker; ihre Wurzeln schützen die sandigen Böden vor Erosion. Die Bäume spenden Schatten und brechen den Wind; sie schützen die Hirse- und Sorghum-Äcker der Bauern vor Hitze und Sturm.

Vor 35 Jahren waren die Bäume fast verschwunden im Süden Nigers. Die Bauern hatten sie gerodet, weil man ihnen eingeredet hatte, das mache ihre Äcker fruchtbarer. 1983 aber kam ein junger Australier hierher – ein Mann, den sie heute den *Waldmacher* nennen. Der Australier setzte eine stille Revolution in Gang, die zur vielleicht größten positiven Umweltveränderung in Afrika während der letzten hundert Jahre führte. Auf den Spuren der vom *Waldmacher* ausgelösten Revolution habe ich den Süden Nigers besucht.

»Rodet die Bäume«, sagten die Kolonialherren

Guidan Jido ist ein Dorf der Haussa-Volksgruppe, deren Bauern von
Ackerbau und Viehzucht leben. Eine Herde schwarz-brauner Langhorn-
rinder wirbelt Staub auf zwischen mannshohen, langen Lehmmauern,
hinter denen versteckt Wohnhütten stehen – und halbkugelförmige Vor-
ratsspeicher, die an Bienenkörbe erinnern. Auf dem Dorfplatz haben
sich an die hundert Menschen versammelt: Männer in *Boubous*, wallen-
den, hier meist weißen Umhängen; und – strikt getrennt von ihnen –
Frauen im *Hijab*. Brennholzstapel stehen zum Verkauf; Bäume mit weit
ausladenden Kronen beschatten den Dorfplatz und angrenzende Felder.

»Vor hundert Jahren standen auf den Feldern hier noch viel mehr Bäu-
me als heute«, sagt Ibrahim Yahaya, ein Mitarbeiter der lokalen Hilfs-
organisation *Serving in Mission* (*SIM*), die eng mit dem internationalen
Hilfswerk *World Vision* zusammenarbeitet. »Das waren Bäume, die hier
Kalgo, *Sabara* oder *Gao* genannt werden. Es gab Bau- und Brennholz im
Überfluss, nährstoffreiche Blätter und Früchte.« Irgendwann aber hät-
ten die französischen Kolonialherren den Bauern gesagt, sie sollten die
Bäume roden und stattdessen Ölpalmen und Erdnüsse für den Export

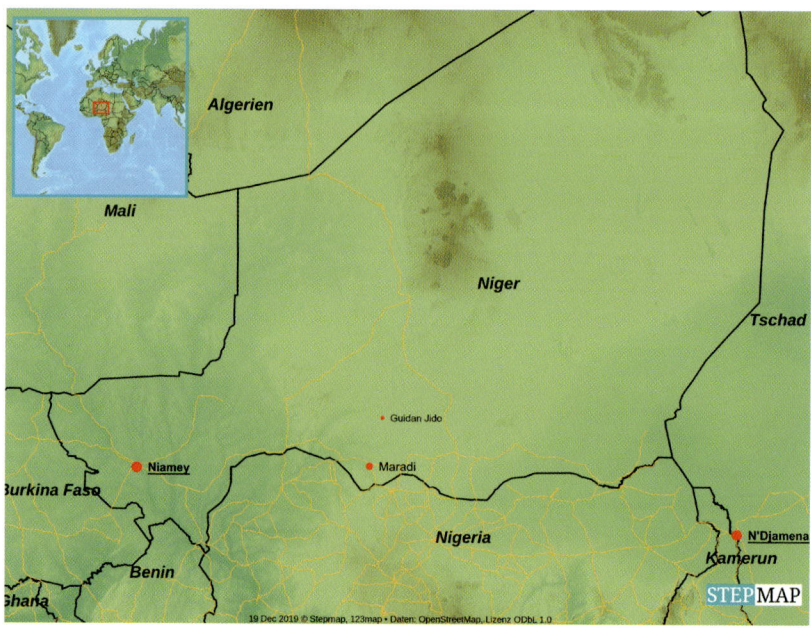

Karte 3: Niger

anbauen. »Später, als Niger unabhängig geworden war, meinten die Regierung und viele Hilfsorganisationen: ›Ihr braucht keine Bäume; ihr braucht Hirse und Sorghum‹.«

Die lebensfeindliche Umwelt der Sahel-Region …

Die alte Hurera Ibrahim hat ihren Eimer mit Brennholz abgestellt und nickt heftig. »Wir Frauen mussten immer weiter laufen, um Brennholz zu finden. Jahrzehntelang haben wir mit Hacken Baumstümpfe und Wurzeln ausgegraben – steinhartes Holz. Morgens um acht gingen wir los und kamen mittags um eins zurück, völlig erschöpft. Zum Glück müssen wir uns heute nicht mehr so abplagen.«

Das Sahelland Niger ist fast viermal so groß wie Deutschland und besteht zu zwei Dritteln aus Wüste. Mehr als 20 Millionen Menschen leben hier; seit 1974 hat sich die Bevölkerung vervierfacht. Hier, in einem der heißesten und ärmsten Länder der Welt, gebärt jede Frau im Schnitt sieben Kinder. 125 von 1.000 Kleinkindern sterben – die wohl höchste Kindersterblichkeit der Welt.

Abb. 36: **Leibwache** – Auch im ländlichen Niger sind Europäer besser nicht ohne Militäreskorte unterwegs.

Alles verfügbare Ackerland in Niger ist längst erschlossen und mit
Hirse oder Sorghum bebaut. Doch die Ernten auf den sandigen, nähr-
stoffarmen Böden sind karg – bei gerade mal 500 Millimetern Regen
im Jahr und acht Monaten Trockenzeit. Der Klimawandel, der der
Sahelzone noch höhere Temperaturen und schwankende Regenmen-
gen bringt, verschärft die Situation weiter. Trotzdem wird Niger seine
Ernteerträge bis 2050 verdoppeln müssen, um die für dann prognosti-
zierten 45 Millionen Menschen zu ernähren.

Das sei durchaus möglich, meint *Waldmacher* Tony Rinaudo. Der
heute 63-jährige Agrarexperte aus Australien kam Anfang der 1980er
Jahre als Entwicklungshelfer der Organisation *SIM* in den Süden
Nigers. Heute arbeitet er für *World Vision* in Äthiopien, Kenia und anderen Ländern Afrikas. Nach Niger kommt Rinaudo nur noch ab und
zu; meine Fragen beantwortet er aus Melbourne.

Nahrungsmittelproduktion in der Sahelzone funktioniere nur mithilfe von Bäumen, erklärt Tony Rinaudo. Als er in Nigers Südprovinz
Maradi ankam, habe er die Bäume auf jedem Hektar Ackerland hier
jedoch an einer Hand abzählen können. Einkommen und Ernährung
der Bauern hingen damals von einer einzigen Ernte ab. »Und wie es so
ist in dieser Gegend Afrikas, gibt es häufig Dürren, Heuschreckenplagen
oder Sandstürme, die Nahrungspflanzen schädigen. Wenn die Bauern
dann keinen Plan B haben, kommt es zu Hungersnöten. Und die waren in der zweiten Hälfte des 20. Jahrhunderts auch deshalb so schlimm,
weil das Ackerland, ohne Bäume, schutzlos Hitze und Wind ausgesetzt
war.« Früher hätten Bäume solche Wetterlagen gemildert. »Dann aber
schuf der Mensch sich selbst eine feindliche Umgebung für den Anbau
seiner Nahrungsmittel und das Gedeihen seiner Nutztiere.«

... hat der Mensch mitverursacht

Im Guidan Jido kommt, am frühen Nachmittag, heftiger Wind auf – der
Harmattan, ein aus Nordwesten wehender Wüstenwind. Frauen, die Wasser ins Dorf tragen, sind in Schleiern aufgewirbelten Staubes nur schemenhaft zu erkennen. Der Bauer Yacouba Ali, der auf seinen Wangen Stam-
meszeichen eingraviert hat, schüttelt sich Sand und Staub aus dem *Bou-
bou*. Lächelnd deutet er auf im Wind schwankende junge Bäume ringsum.

Vor 30 Jahren, sagt Yacouba Ali, habe es diese Bäume nicht gegeben;
und er habe den *Harmattan* weit schlimmer erlebt als heute. »Als ich jung

war, verzweifelten wir, wenn wieder mal ein Sandsturm oder ein Gewitter drohte. Sturm und Regen wuschen die Ackerböden meines Vaters weg; und sein Feld bestand danach nur noch aus meterhohen Dünen und nacktem Fels.«

Er habe damals, sagt der alte Bauer, keine Lust mehr auf Landwirtschaft gehabt und sei nach Nigeria gegangen, um Gold zu schürfen. »Obwohl ich einiges Gold fand, bin ich aber schließlich zurückgekehrt zu meiner Frau. Und dann bin ich doch Bauer geworden.«

Bis in die 1930er Jahre gab es in der Provinz Maradi Dutzende Bäume pro Hektar Land; Leoparden und Affen lebten hier, Antilopen und Elefanten. Als dann die Bauern auf Geheiß der Kolonialherren ihre Bäume rodeten, degenerierten weite Regionen Süd-Nigers zu wüstenähnlichen Flächen. Und irgendwann mussten viele Bauernfamilien ihre Kochfeuer, mangels Brennholz, mit Dung und Ernteresten speisen, anstatt die zu kompostieren. Das verstärkte die rasante Abwärtsspirale von Bodenqualität und Ernteerträgen; immer häufiger kam es zu Hungersnöten.

Milliarden Euro in den Wüstensand gesetzt

Nigers Regierung reagierte, indem sie, vor knapp einem halben Jahrhundert, sämtliche Bäume des Landes zu Staatseigentum erklärte. So aber erstickte sie jedes noch vorhandene Interesse der Bauern am Pflanzen und Pflegen on Bäumen.

Zugleich habe ein höchst ineffizienter und fast ausschließlich vom Staat getragener Versuch der Wiederaufforstung begonnen, erklärt mir Vincent Bado, Experte für Agroforstwirtschaft des internationalen Forschungsinstituts *ICRISAT* in Nigers Hauptstadt Niamey. In Niger und anderen Sahel-Ländern wie Senegal, Burkina Faso und Mali hätten die Regierungen seit den 1960er Jahren das Anpflanzen von Bäumen gefördert. »Nigers Forstministerium stellt bis heute jedes Jahr Anfang August mehrere Millionen Setzlinge bereit, die die Bürger des Landes pflanzen sollen – dies allerdings zwei bis drei Wochen vor der langen Trockenzeit. Wer zu dieser Zeit hundert Bäume pflanzt, hat dann schon viel Glück, wenn auch nur zehn Bäume die Trockenzeit überstehen.«

Hunderte Millionen Bäume hätten Nigers Regierung und zahlreiche Hilfsorganisationen im Laufe der Jahrzehnte gepflanzt, berichtet Vincent Bado, darunter hochwertige Orangen- und Mangobäume. Baumschulen machten bis heute lukrative Geschäfte; aber kaum jemand bewässere die

Setzlinge und jungen Bäume, kaum jemand pflege sie. Fast alle fielen Sandstürmen und der Trockenheit zum Opfer; den Termiten, den Ziegen, Feuerholz suchenden Menschen. Regierung und Entwicklungshilfe hätten so Milliarden Euro in den Wüstensand gesetzt.

Der Wald im Untergrund

Als Tony Rinaudo Anfang der 1980er Jahre in den Süden Nigers kam, entdeckte er nach einiger Zeit, dass von Bäumen entblößte Ackerflächen dort biologisch keineswegs tot waren. »Gott hat mir die Augen geöffnet«, sagt der bekennende Christ, der höchst Überraschendes entdeckte: Im Untergrund der Halbwüste hatten zahllose Baumwurzeln, Stümpfe und Samen überlebt – Jahrzehnte oder gar Jahrhunderte alte Waldreste, die regelmäßig zur Regenzeit neue Triebe entwickelten. Diese Triebe wurden bis dahin allerdings genauso regelmäßig von Ziegen abgefressen oder beim Abbrennen der Felder vernichtet.

Die Gegenmaßnahme habe für Rinaudo auf der Hand gelegen, erklärt mir *ICRISAT*-Experte Bado. »Der Bauer muss, um sein Land wieder zu begrünen, keine neuen Bäume pflanzen. Er muss lediglich einige Baumtriebe erhalten. Er muss diese Triebe vor Ziegen und Feuer schützen und sie regelmäßig beschneiden – was er nebenbei tun kann während der Feldarbeit.« Nach drei, vier Jahren hätte der Bauer dann neue Bäume, die bestens an das lokale Klima und die lokalen Böden angepasst seien. Außerdem sei die Technik, im Untergrund bereits vorhandene Bäume zu regenerieren, viel kostengünstiger als neue Setzlinge zu pflanzen; und sie berge keine Risiken.

Von Bauern betriebene natürliche Regeneration von Bäumen, kurz *FMNR*, nannte Rinaudo sein Konzept. Die Technik als solche war nicht neu. Sie wird seit Jahrhunderten weltweit eingesetzt, um abgeholzte Flächen wieder aufzuforsten. Neu war die beispiellose Dynamik, die Tony Rinaudo in Gang setzte. Er packte die Bauern bei ihrem Eigeninteresse; ihrem Wunsch, die Erträge ihrer Felder zu erhöhen, und motivierte sie so, Bäume und Wälder zu regenerieren.

Abb. 37/38: **Kapital von zweifelhaftem Wert** – Rinder, Ziegen und Schafe sind für Bauern in Niger eher Statussymbole als Nutztiere. Und besonders die Ziegen verbeißen gern Baumtriebe.

»Bäume ziehen Mäuse und Schlangen an«

So initiierte der Australier eine Wiederaufforstung, die die Bauern praktisch kein Geld kostete, sondern nur relativ wenig leicht zu erlernende Arbeit. Mit seiner Idee stieß er zunächst allerdings auf wenig Gegenliebe bei den selbstbewussten Haussa-Bauern. Fast alle glaubten, dass Bäume ihre Böden unfruchtbar machten; dass sie Tiere, die die Saaten fressen, anlockten.

»Wer war ich schon?«, sagt mir Tony Rinaudo. »Ein junger weißer Australier, der nigerischen Bauern, die seit Generationen Landwirtschaft betrieben, etwas erzählen wollte.« Es sei echte Knochenarbeit gewesen, zunächst Vertrauen bei den Bauern aufzubauen und ihnen ein Bewusstsein dafür zu vermitteln, dass Bäume sehr wichtig sind für die Landwirtschaft, von der sie leben.

»Wir mussten den Bauern helfen, Mythen zu überwinden«, erinnert sich der *Waldmacher*, »den Mythos, zum Beispiel, dass Bäume Schlangen und Vögel anziehen, die das Getreide fressen; den Mythos auch, dass Bäume zu langsam wachsen, um ihnen Nutzen zu bringen. Bitterarme Bauern wollen ja ihre Produkte möglichst schnell nutzen, um Grundbedürfnisse zu erfüllen. Wir mussten die Bauern außerdem davon überzeugen, dass die meisten Bäume Feldfrüchten keine Nährstoffe wegnehmen.«

Es war nötig, Tabus zu brechen

Rinaudo nutzte eine große Hungersnot 1984, um skeptische Bauern zu überzeugen: Im Rahmen eines *Nahrung für Arbeit*-Programms zogen 70.000 Bauern auf jedem Hektar ihres Ackerlands 40 Bäume heran. Und tatsächlich wuchsen im Laufe der nächsten sieben, acht Jahre ihre Ernteerträge; und die Bauern hatten bald Nebeneinkünfte aus dem Verkauf von Früchten, Bau- und Brennholz.

Doch es habe weitere Herausforderungen gegeben, erzählt mir Tony Rinaudo. »Ein großes Problem war, dass sämtliche Bäume, auch die auf privatem Land, laut Gesetz dem Staat gehörten. Warum sollte da ein Bauer Zeit aufwenden, Bäume heranzuziehen, die er anschließend nicht nutzen durfte? Darüber diskutierten wir mit der Forstverwaltung; und mit zähem Verhandeln erreichten wir, dass heute jeder Bauer, der einen Baum heranzieht, über dessen Früchte, Blätter und Holz frei verfügen kann.«

Das allerdings verschärfte ein anderes Problem, das in der Kultur der Haussa begründet liegt: Ackerland gehört danach zwar jedem Bauern persönlich. Aber, erzählt Rinaudo: »Die Ahnen der Haussa-Bauern kamen einst als Pioniere in die Region um Maradi und fanden dort viele Bäume vor. Wohl deshalb entstand eine Kultur des freien Zugangs zu Holz: Jeder durfte das Land seines Nachbarn betreten und sich an dessen Bäumen bedienen. Und es war ein Tabu, jemanden deshalb anzuzeigen.«

Dieses Tabu habe er brechen müssen, sagt der australische Agraringenieur – sehr vorsichtig und sensibel natürlich. »Ich erinnere mich, dass ich Bauern fragte: ›Würdest du tolerieren, dass jemand in deine Hütte kommt und dein Radio klaut?‹ Die Antwort war natürlich: ›Nein‹. Dann fragte ich: ›Was ist eigentlich der Unterschied zwischen deinem Radio und deinen Bäumen? In diese wenigen Bäume auf deinem Feld hast du viel Arbeit investiert, damit sie wachsen. Wenn dir jetzt jemand einen dieser Bäume wegnimmt, ist das dann kein Diebstahl?‹«

Einige Bauern hätten sich lange gegen diese Logik gewehrt. Schließlich aber habe sie auch ihnen eingeleuchtet. Und heute, berichtet Rinaudo, hätten die Bauern hunderter Dörfer Patrouillen organisiert , die Baumdiebe auf die Finger klopfen; Hirtenjungen, zum Beispiel, die junge Baumtriebe gern an ihre Ziegen, Schafe und Rinder verfüttern.

300 Millionen Bäume, zum Beispiel …

Nach den zähen Anfängen in Maradi verbreitete sich die neue Methode der Wiederaufforstung immer schneller in Niger. Inzwischen haben Bauern hier fast 300 Millionen Bäume aufgezogen; auf sieben Millionen Hektar, mehr als der Hälfte des Ackerlandes, wird die neue Methode angewandt. Satellitenaufnahmen legen beredtes Zeugnis davon ab. Vielerorts hat sich die Baumdichte mehr als verzwanzigfacht – mit erheblichen Auswirkungen auf das Mikroklima und die Lebensqualität der Landbevölkerung.

Ibrahim Hassan, ein junger, hellwach wirkender Bauer, ist *Chief*, Häuptling, im Dorf Guidan Jido. Das Amt hat er von seinem Vater geerbt. Hassan schwärmt von den Tausenden Bäumen, die die Bauern seines Dorfs auf ihrem vor 20 Jahren noch kahlen Land herangezogen haben: Der *Kalgo*, botanisch *Philostigma reticulata*, liefere Bau- und Brennholz; seine Früchte seien ein exzellentes Viehfutter, das auch der Mensch in Notzeiten essen könne. Aus dem Holz von *Sabara*, botanisch *Guiera se-*

negalensis, ließen sich exzellente Zaunpfosten herstellen; die Blätter seien ein traditionelles Heilmittel.

... Gao, die Wunder-Akazie

Der Star unter den Bäumen sei allerdings *Gao*, botanisch *Faidherbia* oder *Acacia albida* – eine bis zu 20 Meter hohe Akazie, deren Krone einen Durchmesser von zehn Metern erreiche. Dieser Baum, sagt mir Agrarberater Ibrahim Yahaya, sei aus guten Gründen bei Bauern überall in der Sahelzone beliebt. »*Acacia albida* wirft ihre Blätter während der Regenzeit ab und behält sie während der Trockenzeit. So beschattet sie Hirsefelder und reduziert die Verdunstung im Boden.«

Die Blätter dieser Akazie lieferten zudem ein hervorragendes Viehfutter. Und jeder Baum binde Stickstoff aus der Luft, der der Düngewirkung von einer Tonne Mist entspricht. »Felder, die mit 50 dieser Akazien pro Hektar besetzt sind, produzieren in der Regel doppelt so viel Hirse wie Felder ohne Bäume. Berücksichtigt man auch den Wert

Abb. 39: **Ackerschützer** – Bäume befestigen den Boden, mildern Wind und Hitze; sie liefern Dünger und schützen das Klima.

des Holzes, erzielen mit *Acacia albida* besetzte Felder einen dreimal so hohen wirtschaftlichen Nutzen wie baumlose Felder.«

Getreide, Früchte und Ernährungssicherheit

Der wirtschaftliche und soziale Nutzen der Wiederaufforstung sei gewaltig, bestätigt mir Agrarexperte Sadou Soumana, der wie Tony Rinaudo für *World Vision* arbeitet: »Die Universität von Maradi hat Geographie-Studenten ihre Abschlussarbeiten darüber schreiben lassen, wie sich von Bauern betriebene Wiederaufforstung auf das lokale Mikroklima auswirkt, auf Bodenfruchtbarkeit und Ernteerträge. Diese Arbeiten liefern wissenschaftliche Belege dafür, dass die *von Bauern betriebene natürliche Regeneration von Bäumen* (*FMNR*) vielerorts zu mehr Regen und weniger Verdunstung von Bodenfeuchtigkeit führt.« Auch steige unter Bäumen die Temperatur selbst während der Mittagshitze nie über 36 Grad Celsius, auf freiem Feld dagegen auf bis zu 70 Grad.

Den Bauern, die schon eine Weile aufforsten, gehe es heute besser als früher, erklärt Soumana. »Mehr als die Hälfte dieser Bauern berichtet, dass ihre Ernteerträge in den vergangenen fünf Jahren zugenommen haben; und ihr Einkommen ist um durchschnittlich 110 US-Dollar im Jahr gestiegen – durch den Verkauf vor allem von Holz und Nahrungsmitteln.«

Experten schätzen, dass die Hirse- und Sorghum-Ernte in neuerdings mit Bäumen bestandenen Regionen um 15 bis 25 Prozent gestiegen ist; die *von Bauern betriebene Regeneration von Bäumen* habe Nigers Nahrungsmittelproduktion um mindestens eine halbe Million Tonnen pro Jahr erhöht. Das entspricht dem Bedarf von zweieinhalb Millionen Menschen. Die Wiederaufforstung hat so maßgeblich dazu beigetragen, dass Niger seine Pro-Kopf-Produktion von Hirse und Sorghum, die 90 Prozent des Nahrungsmittelverbrauchs im Lande decken, seit 1980 stabil halten konnte – trotz des hohen Bevölkerungswachstums.

Viele Bauernfamilien äßen auch Früchte ihrer Bäume, erklärt mir Sadou Soumana. Und sie könnten jetzt, weil sie Blätter als Futter nutzen, mehr Vieh halten. Kurz, die Versorgung der Menschen mit Mikronährstoffen und ihre Ernährungssicherheit hätten sich drastisch verbessert; chronische Mangelernährung gebe es seltener als früher.

Abb. 40–43: **Köstlich** – Die Bäume auf den Feldern von Guidan Jido liefern Wohlschmeckendes für Mensch und Tier sowie jede Menge Brennholz.

Saubere Luft und Zai

Es sei auch weniger Staub in der Luft als früher, sagt mir der Bauer Yacouba Ali – selbst jetzt während des *Harmattans*. *World Vision*-Experten haben festgestellt, dass die Stabilisierung der Böden durch Bäume in der Tat die Belastung der Luft mit Feinstaub reduziert habe. Durch Feinstaub ausgelöste Lungenerkrankungen gelten als eine wichtige Todesursache bei Kindern in Niger.

Kein Bauer im Dorf Guidan Jido brenne heute noch seine Felder ab, erzählt mir *Chief* Ibrahim Hassan. Damit würde er ja wichtige Bodennährstoffe zerstören und seinen Bäumen schaden. Überhaupt betreiben die meisten Bauern der Region seit längerem, notgedrungen, bodenschonende Landwirtschaft: Sie pflügen und hacken nicht, sondern lockern den Ackerboden nur ein wenig, um Unkraut zu entfernen und aussäen zu können. In den oft steinharten Boden graben sie vielfach auch Löcher und füllen die mit Kompost aus Ernte- und Baumabfällen. *Zai* nennen das die Haussa. »Es wird wachsen.« Für den Kauf von Kunstdünger und Pestiziden fehlt es ihnen an Geld. Gegen viele Schädlinge wirken auch Tabakblätter und das Öl von auf den Feldern wachsenden Neem-Bäumen.

Mehr Wasser und Brennholz

Fast jeder, der einmal angefangen habe, Bäume in seine Landwirtschaft zu integrieren, bleibe dabei, sagt der *Chief* stolz und führt den Besucher zum Tiefbrunnen des Dorfes, wo Frauen mit Eimern an langen Seilen Wasser schöpfen.

Der Wasserspiegel des Brunnens, der derzeit 25 Meter tief liege, sei in den letzten Jahren um mehrere Meter gestiegen, berichtet Ibrahim Hassan. Die Ursache liegt auf der Hand: Bäume, die Böden beschatten und Wind brechen, lassen wenig Bodenfeuchte verdunsten; und die Baumwurzeln halten viel Wasser im Boden. In der Folge steigt der Grundwasserspiegel.

Saadia Issaka, eine junge Frau im dunkelblauen *Hijab*, stellt ihren Eimer auf einen Mauervorsprung und erzählt mir aus ihrem Alltag. Sie habe fünf Kinder, erzählt sie, die ihr viel Arbeit machten. »Jeden Morgen um acht gehe ich aufs Feld und arbeite dort bis mittags um zwölf. Die Arbeit ist schwer; aber ich muss nicht mehr so weit laufen für Brennholz wie früher meine Mutter. Die war jeden Tag drei Stunden unterwegs. Ich finde nun auf unserem Acker dort drüben mehr als genug Holz.«

Vor allem Frauen profitieren

Ihm sei von vornherein klar gewesen, dass Bäume auf den Feldern die Arbeitslast der Haussa-Frauen reduzieren würden, sagt Tony Rinaudo. Und Frauen seien wohl die größten Nutznießer der Wiederaufforstung. »In Niger ist Brennholz vielerorts so knapp, dass Frauen dreimal die Woche bis zu vier Stunden laufen müssen, um ein Bündel Brennholz zu sammeln; manche dieser Frauen tragen dann so schwere Lasten auf dem Kopf, dass sie ihre Gesundheit ruinieren.«

Außerdem hält Holzschlepperei Frauen davon ab, andere produktive Dinge zu tun: Gemüse auf dem Markt zu verkaufen, den Garten in Schuss zu halten oder sich um die Kinder zu kümmern. »Das Leben solcher Frauen besteht oft nur aus mühsamer Schufterei«, erklärt mir Rinaudo. »Frauen aber, auf deren Feldern jetzt Bäume wachsen, haben

Abb. 44: **Lebenswichtig** – Der Wasserspiegel des Tiefbrunnens in Guidan Jido ist gestiegen, weil viele Bäume viel Feuchtigkeit im Boden halten.

Geld. Und sie sind weniger den Gefahren der Straße ausgesetzt, die von Tieren und Menschen ausgehen.«

Damit nicht genug: Zwei Freundinnen von Saadia Issaka halten Bienen, die sich von Akazienblüten ernähren. Und in Maradis Nachbarprovinz Tinder haben Bauern Tausende Baobab-Bäume regeneriert, deren essbare Blätter die Frauen verkaufen – was ihnen jährlich 20 US-Dollar pro Baum einbringt. Geld für Gemüse und Fleisch, für Kleider und Schulgebühren. Das stärkt die Position der Frauen in der Familie und ihrem Dorf.

Insgesamt haben die selbst herangezogenen Bäume das karge Leben zahlloser Bauern in Niger verbessert – im Dorf Guidan Jido ebenso wie in anderen Regionen; die Bäume sind zudem, für Notzeiten, Versicherungspolice und Bankkonto. Auch die Biodiversität hat sich in den betroffenen Regionen verbessert: Eichhörnchen und Schakale sind zurückgekehrt; Vögel und Spinnen, die Insekten in Schach halten. Den, außerdem, gewaltigen Beitrag der Wiederaufforstung zum Klimaschutz habe er lange Zeit gar nicht im Blick gehabt, sagt Tony Rinaudo verschämt. Ihm sei es vor allem darum gegangen, die Lebensbedingungen der Bauernfamilien zu verbessern.

Brauchen die Bauern Profi-Betreuung?

Der Erfolg der von *Bauern betriebenen natürlichen Wiederaufforstung* rückt komplexe und teure Waldschutzprojekte der Entwicklungszusammenarbeit ins Zwielicht: Bedarf es wirklich aufwendiger Programme mit viel ausländischem Personal, um Waldverluste rückgängig zu machen? Muss man wirklich an Experten-Schreibtischen ausgetüftelte Konzepte der Aufforstung wieder und wieder implementieren – ohne aus letztlich milliardenteuren Fehlern zu lernen?

Ist es nicht wirksamer und kostengünstiger, auf die Regenerationskraft eines Biotops dort, wo es seit jeher seine ökologische Nische besitzt, zu vertrauen – und auf eine lokale Bevölkerung, die das Richtige tun wird, wenn sie den richtigen Anstoß bekommt? Die angeblich unwissenden und risikoscheuen Bauern in Niger jedenfalls haben eine für sie neue, aber letztlich doch ihrer Lebensweise entsprechende Technologie erfolgreich umgesetzt. Zugleich haben sie viel Würde und Stolz zurückgewonnen. Sie sehen sich nicht mehr als bloße Opfer von Armut und Klimawandel. Sie haben erkannt, dass auch sie Zu-

kunft gestalten können – was vielen Nutznießern anderer »Entwick-
lungsprojekte« versagt bleibt.

Kein Allheilmittel gegen Hunger und Flucht

Bäume seien aber kein Allheilmittel, sagt Tony Rinaudo, der seit 40
Jahren in der Entwicklungszusammenarbeit tätig ist. Und auch noch
so sorgsam betriebene Landwirtschaft garantiere nicht das Überleben
in der oft sehr lebensfeindlichen Sahel-Region.

Meine Eindrücke bestätigen, was der *Waldmacher* sagt: Im Norden
Maradis, zum Beispiel, wo die Böden besonders sandig sind, sehe ich
fast nur sehr junge Bäume. Die etwas älteren haben die Bauern bereits
abgeholzt – aus purer Not.

Dass Bauern ihre Bäume viel zu früh fällen, sei ein großes Problem, hat mir Rinaudo gesagt. »Viele Menschen im Süden Nigers leben nach wie vor ständig am Rande des Hungers. Erlebt ein Bauer
eine Missernte, muss er auf seine Bäume zurückgreifen – auch wenn
es vernünftiger wäre, noch fünf oder auch 15 Jahre zu warten. Dann
wäre der Wert der Bäume viel höher und der Nutzen für Klima und
Umwelt größer.«

Andererseits: »Sobald es den Leuten besser geht, lassen sie ihre Bäume wieder wachsen und ziehen weitere heran. Das ist eine völlig andere Situation als früher, als das Land einfach ungeschützt da lag.«

In Guidan Jido versucht Ibrahim Hassan, wie viele Dorfoberhäupter
der Region, alles, um seine Bauern bei der Stange zu halten – trotz der
oft widrigen Umstände. »Wir haben hier eine Schule für 350 Kinder,
aber nur fünf Lehrer«, berichtet der *Chief*. »Viele Kinder sitzen während des Unterrichts auf dem Boden. Und immer mehr Eltern schicken
deshalb ihre Söhne und Töchter in die Stadt – zu Verwandten.«

Viele dieser jungen Leute suchen später im Ausland ein besseres
Leben. »Sie gehen nach Ghana, Nigeria oder Libyen – weil ihnen ihre
Eltern zu wenig Land vererben und weil sie sich nicht kaputt arbeiten wollen – wie wir. Ich, zum Beispiel, habe neun Kinder, die sich
irgendwann meine sechs Hektar Land teilen müssen. Von einem halben Hektar Land aber kann hier niemand leben – auch nicht, wenn
darauf viele Bäume stehen.«

Probleme, auf die auch Tony Rinaudo keine Antwort weiß. Die
wohlfeile Empfehlung, Arbeitsplätze außerhalb der Landwirtschaft

zu schaffen, lässt sich in den bitterarmen Dörfern Nigers vorerst nur schwer realisieren.

Verbreitung durch Mundpropaganda

Dessen ungeachtet ist der *Waldmacher* stolz auf die Bauern der Provinz Maradi. Sie haben bewiesen, dass seine Ideen, richtig umgesetzt, funktionieren. Und es ist kein Wunder, dass sich diese Ideen zusehends weiter verbreiten: In Niger pflanzt die Regierung längst nicht mehr nur neue Bäume, sondern fördert inzwischen auch die Regeneration bereits vorhandener Bäume. In Nachbarländern wie Burkina Faso und Mali hat sich Rinaudos Wiederaufforstungsmethode per Mundpropaganda verbreitet – vielerorts ohne Zutun von Regierungen und Hilfsorganisationen.

Satellitenbeobachtungen des *US Geological Survey* zeigen in der Seno-Ebene Ost-Malis eine zusammenhängende Fläche von einer halben Million Hektar, die früher Wüstensteppe war. Heute ist sie bewaldet – mit Bäumen, die zu 90 Prozent jünger als 20 Jahre sind. Ein Grund für diese überraschende Entwicklung: Die Regierung Malis hat 1994 ein neues Forstgesetz erlassen. Bäume auf privatem Land, die bisher dem Staat gehörten, wurden zu Eigentum der Bauern, auf deren Land sie stehen. Seitdem haben Bauern ein Motiv, das Potential ihrer Bäume und Untergrundwälder zu mobilisieren – nach dem Vorbild ihrer Nachbarn in Niger.

Tony Rinaudo und *World Vision* leisten derweil weitere Pionierarbeit: Sie betreiben *FMNR*-Projekte in mittlerweile 25 Ländern. Dazu zählen Äthiopien, Kenia, Tansania, Senegal, Tschad, Mali, Mauretanien, Ghana und Senegal ebenso wie in Asien Indonesien und Myanmar.

»Wir beraten vielerorts Bauern auch über die Medien und mit Textnachrichten«, berichtet mir in Berlin Silvia Holten, Sprecherin von *World Vision* Deutschland. »Wir wollen Bauern, die wir motiviert haben, ihre Bäume zu regenerieren, nicht allein lassen mit eventuellen Problemen. Und wir bringen skeptische Bauern zusammen mit welchen, die die Technik schon erfolgreich anwenden. Ein Bauer nämlich hört eher auf Kollegen als auf ausländische Berater.«

Humbo – die zweite Erfolgsgeschichte

Die, nach Niger, zweite große Erfolgsgeschichte spielt im dicht besiedelten Äthiopien, wo im Laufe des 20. Jahrhunderts 98 Prozent des Waldes abgeholzt wurden. In der Region Humbo im Süden Äthiopiens begann *World Vision* 2006 ein Projekt mit 5.000 Bauern – unter allerdings anderen Voraussetzungen als in Niger:

Während nigerische Bauern ihr Ackerland privat besitzen, gehört es in Äthiopien der Gemeinschaft. Das heißt: Tony Rinaudo und sein Team mussten in Humbo sieben Kooperativen mit 5.000 Bauern davon überzeugen, welches Potenzial unter ihren Äckern versteckt war. Und sie mussten die Kooperativen dazu bringen, an einem Strang zu ziehen. Zudem musste man die Regierung für das Projekt gewinnen; sie musste, wie die in Niger, Bauern(-gemeinschaften) ihr Eigentum an Land und Bäumen garantieren.

Sowohl die Bauern als auch die Regierung seien zunächst misstrauisch gewesen, erinnert sich Tony Rinaudo. Dann aber hätten die Kooperativen binnen weniger Jahre mehrere Millionen Bäume regeneriert. Und da sie straff organisiert sind und ihren Beitrag zum Klimaschutz

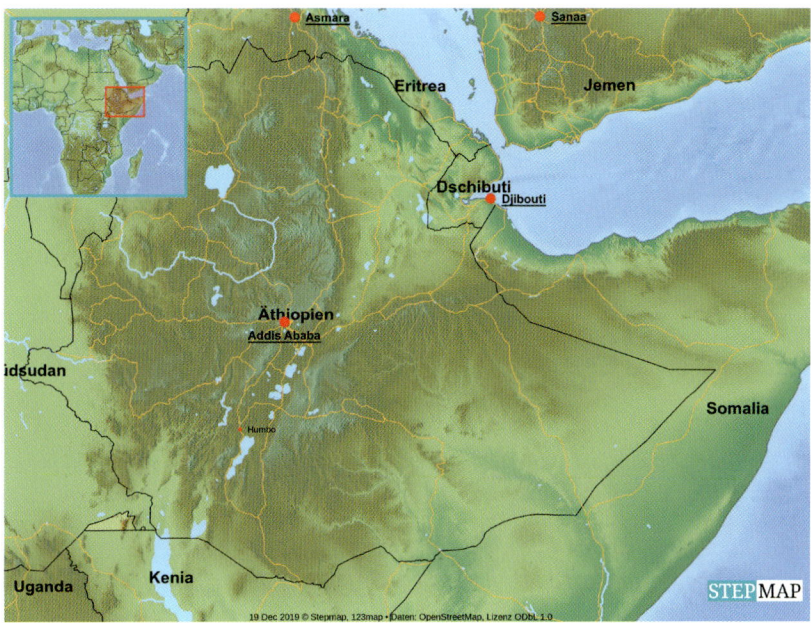

Karte 3: Äthiopien

95

Abb. 45/46: **Lektion** – Tony Rinaudo hat auch den Bauern der Region Humbo in Äthiopien geholfen, den Wald im Untergrund ihrer Äcker zu neuem Leben zu erwecken.

genau beziffern können, erhalten sie seit 2010 international gehandelte Emissionszertifikate, die ihnen jährlich mehr als 50.000 Euro einbringen. Dieses Geld investieren die Kooperativen in Getreidespeicher, Maismühlen und Bewässerungsanlagen.

Die vielen jungen Bäume sorgten zudem dafür, dass den Bauern Humbos zur Zeit der äthiopischen Dürre 2015 das Wasser nicht ausging. Während Dörfer ringsum auf Lebensmittelhilfe angewiesen waren, verzeichneten die Bauern Humbos eine gute Maisernte und, wegen gestiegener Maispreise, sogar ein höheres Einkommen als sonst.

Neue Schubkraft durch den »alternativen Nobelpreis«

Ungeachtet dieser neuen Erfolgsgeschichte und vieler anderer, zum Beispiel in Mali und Kenia, hat sich die *von Bauern betriebene natürliche Regeneration von Bäumen* noch längst nicht so verbreitet, wie sie es eigentlich verdient. »Profis der Entwicklungshilfe schweigen gerne tot, dass einfache Bauern auch ohne komplexe und teure Technologie-Hilfe etwas erreichen können«, erklärt mir ein kritischer Insider.

2018 jedoch erhielt Tony Rinaudo den *Right Livelihood Award*, den »alternativen Nobelpreis« – was der Verbreitung seiner Ideen neue Schubkraft verleiht. Immer mehr Regierungen, Hilfsorganisationen, Geldgeber und Dorfgemeinschaften engagierten sich heute für die von Bauern betriebene Wiederaufforstung, berichtet mir Rinaudo. »Wir sehen da ein quasi exponentielles Wachstum. In Afrika, zum Beispiel, gibt es die so genannte *AFR100*-Initiative, die bis 2030 hundert Millionen Hektar degradierten Landes regenerieren will – unterstützt von Fachleuten wie uns, dem renommierten *World Agroforestry Center* und dem *World Resources Institute*. Da sehe ich Anzeichen für eine wunderbare Zukunft und ein großes Potenzial, die Entwaldung Afrikas umzukehren und weite Regionen des Kontinents wieder zu begrünen.«

Mehr als 35 Jahre nach seiner Ankunft im Süden Nigers sieht der stets bescheiden auftretende *Waldmacher* gute Chancen, dass seine Vision Wirklichkeit werden könnte. Die geniale Verbindung einer verblüffend einfachen Technik der Wiederaufforstung mit bäuerlichem Eigeninteresse könnte zu einer gewaltigen Triebkraft avancieren – im Kampf gegen Hunger, Umweltzerstörung und Klimawandel weltweit.

8 Wald-Gärtner

Abb. 47/48: **Zwei Welten in einem Land** – Während in Städten wie Les Cayes bürgerkriegsähnliche Unruhen toben, haben sich die Bauern des Bergdorfs Gentilotte ein kleines Paradies erarbeitet.

Wie in Haiti an abgeholzten Hängen Obst und Gemüse gedeihen

V ermummte Demonstranten und Barrikaden aus brennenden Reifen versperren mir den Weg an diesem Frühlingsmorgen im Jahr 2019. Nach Les Cayes, einer Stadt im Südwesten Haitis, schaffe ich es heute nicht. Bertrand, mein Dolmetscher, sitzt dort gefangen in seiner Wohnung und schickt mir eine wütende *Whatsapp*-Nachricht.

»Wir brauchen eine Revolution«

»Unser Präsident ist der größte Lügner unter allen Präsidenten, die Haiti je hatte«, schreibt Bertrand. »Dauernd sagt er, er werde uns Nahrungsmittel geben. Er habe ja so viele Bananenplantagen. Und dauernd sagt er, wir bekämen Strom – 24 Stunden täglich. Wir müssen diesen Kerl loswerden, Mann. Wir müssen das Parlament loswerden – all diese Senatoren, Abgeordneten, Premierminister und Minister. Wir brauchen eine Revolution in Haiti. Hier leiden so viele Menschen; und eine Minderheit verprasst den Wohlstand des Landes.«

Ein Garten Eden

Ein ganz anderes Haiti habe ich gestern, in den Bergen vor der Stadt, im Dorf Gentilotte, erlebt. Dort zwitscherten die Vögel. Und die Bäuerin Marilyn Pierre zeigte mir zufrieden ihren Brotfruchtbaum voller reifer Früchte.

»In diesem Garten ziehe ich viele gesunde Nahrungsmittel heran«, sagte Marilyn stolz. »Das Meiste essen wir selbst; einen Teil verkaufe ich auf dem Markt. Zum Beispiel die Büschel von den Bananenstauden dort, die fast reif sind.« Unter den Bananen hat die Bäuerin Mais ausgesät, »Und aus den Schoten des Okrastrauchs daneben koche ich für meine Kinder *Gumbo*, einen leckeren Eintopf.«

Die Kokospalmen und Mangobäume am Hang habe noch ihr Vater gepflanzt, erzählte Marilyn Pierre, die Zitronenbäume sie selbst. »So viel Obst und Gemüse wachsen jetzt in meinem Garten – viel mehr als früher.«

Im Land allgegenwärtiger Not ...

Haiti im Westen der Karibikinsel Hispaniola ist ganz anders als die Dominikanische Republik im Osten. Dort ein dicht bewaldetes Urlaubsparadies mit Traumstränden, besucht von jährlich fünf Millionen Touristen. Hier abgeholzte und erodierte Bergzüge und eine Hauptstadt wie eine Müllhalde. Elf Millionen Nachkommen aus Westafrika verschleppter Sklaven leben in Haiti auf weniger als der Fläche Belgiens.

Das ärmste Land der westlichen Hemisphäre wird seit seiner Unabhängigkeit von Frankreich vor mehr als 200 Jahren von Diktatoren und Kleptokraten beherrscht. Von Vater und Sohn Duvalier, zum Beispiel, in der zweiten Hälfte des 20. Jahrhunderts. Wenige Reiche wie Präsident Jovenel Moïse besitzen Plantagen in den fruchtbaren Ebenen. Hunderttausende Bauernfamilien überleben auf winzigen Parzellen

Karte 5: Haiti

an Steilhängen, geplagt von Wirbelstürmen, die an Wucht zunehmen; von Starkregen, Dürren und Bodenerosion. Viele wandern ab – in die Elendsviertel der Hauptstadt Port-au-Prince, wo die Arbeitslosigkeit bei 70 Prozent liegt, oder ins Ausland.

... trotzen 30.000 Bauern dem Schicksal

30.000 haitianische Bauern aber bieten dem Elend und dem Klimawandel die Stirn. Sie haben ihren Ackerbau dem zunehmend unberechenbaren Klima angepasst und ermöglichen ihren Familien so ein Leben in Würde. 30.000 unbekannte Klimahelden, für die Aufgeben keine Alternative ist – obwohl sie sich oft wie Sisyphos fühlen.

Mit Bäuerin Marilyn Pierre stehe ich an einem kleinen See im Dorf Gentilotte. Marilyn ist Mutter von acht Kindern. Sie lacht viel, strahlt Fröhlichkeit, Lebensfreude und Entschlossenheit aus. Wie die meisten Haitianer nennt sie ihr Feld von knapp einem halben Hektar »Garten«. 20 Meter breit zieht es sich den Hang hinauf. Ich sehe Stauden mit Büscheln gelbgrüner Bananen und in deren Schatten Mais. Marilyn

Abb. 49: **Abgeholzt und kahl** – Viele Berghänge in Haiti sind bis aufs Gestein entblößt.

101

Abb. 50: **Baumparadies** – Überall im Dorf Gentilotte wachsen Mangobäume, Kokospalmen und andere Nutzbäume.

Abb. 51: **Bodenbefestiger** – Die Krume an steilen Hängen wird mit Terrassen, Elefantengras oder auch Ananaspflanzen stabilisiert.

Abb. 52: **Schmuckes Heim** – Bäuerin Marilyn Pierre hat, für Licht und Handy, sogar ein Solar-modul installiert.

Abb. 53: **Familiengrabstätte** – Solche Denkmäler findet man überall in haitianischen Dörfern.

pflanzt auch Bohnen, Tomaten und Spinat. Wo der Hang steiler wird, ist er terrassiert und mit Ananaspflanzen befestigt, deren junge Früchte blau-rot leuchten. Noch weiter oben ist der Hang mit zwei Reihen Felsbrocken stabilisiert, dahinter gedeihen Straucherbsen und Kartoffeln. Die bräuchten nur relativ kargen Boden, erklärt mir Marilyn.

Seit acht Jahren unterstütze die lokale Hilfsorganisation *Association des Cadres pour la Protection de l'Environnement* (ACAPE) die Bauern von Gentilotte, berichtet sie dann. Und man praktiziere jetzt agrarökologische Landwirtschaft, angepasst an den Klimawandel. Den Erfolg könne ich ja mit eigenen Augen sehen.

»Früher hatten wir nur ein oder zwei Sorten Feldfrüchte – Bananen und Mais oder Yams-Wurzeln«, sagt Marilyn. »Da haben wir uns auch gar nicht um unseren Ackerboden gekümmert. Wenn starker Regen fiel, wurde die Krume eben in den See hinuntergespült.«

Die Zusammenarbeit mit *ACAPE* änderte alles: »Wir haben Terrassen angelegt, die wir mit Ananas und Elefantengras befestigen. Die Terrassen speichern Regenwasser; und das hilft den Pflanzen beim Wachsen. Ich habe jetzt das ganze Jahr über Früchte, die ich auf dem Markt verkaufen kann: Papayas, Mangos und Zitronen; Kartoffeln und Maniok. Und: Das ganze Jahr über habe ich jetzt Geld.«

»Haiti braucht Bäume«

Wir gehen den Hang hinauf und erreichen Marilyn Pierres Haus: eine weiß getünchte Lehmhütte, Türen und Fensterrahmen leuchtend hellgrün. Zwei Fässer fangen vom Wellblechdach herunterlaufendes Wasser auf. Einen Steinwurf entfernt die Familiengrabstätte: ein Gedenkstein und mehrere Kreuze aus stockig grauschwarzem Beton.

Ein kleiner Mann im roten T-Shirt hat sich zu uns gesellt: Rico Bousseau, ein Cousin Marilyns. Man müsse wieder Bäume pflanzen auf Haiti, sagt Rico, viele Bäume. Die befestigten mit ihren Wurzeln den Ackerboden und beschatteten die Pflanzen. »Sie sehen ja den Schatten, den Marilyns Zitronenbaum, ihre Mangobäume und der Brotfruchtbaum spenden.«

Vor einigen Jahren habe es fast gar keine Bäume mehr im Dorf Gentilotte gegeben, berichtet Rico. Und die Quellen seien schnell versiegt, wenn es trocken war. »Mithilfe von Setzlingen, die uns *ACAPE* lieferte, haben wir dann in den letzten zehn Jahren viele Obstbäume gepflanzt. Jetzt haben wir mindestens fünfmal so viele Bäume wie noch 2010. Wir ernten eine Menge Früchte; und die Quelle hinter meinem Haus liefert seit vier Jahren ununterbrochen Wasser. Das trinkt meine Familie; und ich bewässere unseren Garten damit.«

Brennende Barrikaden

Am Vortag eines Generalstreiks bin ich am Flughafen der Haupstadt Port-au-Prince gelandet. Auf der Fahrt nach Les Cayes deutet mein Fahrer auf lange Schlangen an den Tankstellen; auf junge Männer mit Kanistern, die die Zapfsäulen belagern. An den Hängen des Küstengebirges sehe ich Villen Wohlhabender, hinter Mauern und Stacheldraht.

Auf Haitis Nationalstraße 1 fahren wir vorbei am Hafen von Port-au-Prince. Dort liege die Cité Soleil, sagt mein Fahrer, der größte Slum Haitis. Und er spielt auf seinem Smartphone ein Lied, das er die Hymne der *Sonnenstadt* nennt.

Tatsächlich ist die Cité Soleil eine Stadt aus rostigen Blechverschlägen, in der 400.000 Menschen leben. Kinder durchstöbern Müllhalden, Frauen waschen Wäsche in Abwasserkanälen, im Schlamm neben der Straße stehen Mädchen und verkaufen Mangos und Maismehl. Hier gebe es keine Polizei, sagt mein Fahrer; nur Verbrecherbanden, die die Menschen terrorisierten.

Von Port-au-Prince nach Les Cayes sind wir fünf Stunden unterwegs – vorbei an Bananen- und Zuckerrohrplantagen der wenigen Reichen; vorbei an erodierten Hügelzügen mit nur wenigen grünen Flecken. Besorgt schaut mein Fahrer auf die Uhr und tatsächlich: Am Kreisverkehr im Zentrum Les Cayes' brennen die ersten Reifen. Daneben ein Mannschaftswagen mit vermummten Polizisten. Wir umkurven die qualmenden Reifen und erreichen mein außerhalb der Stadt gelegenes Hotel, eine weitläufige Anlage hinter stacheldrahtgekrönten Mauern.

Waldraub ...

Am Abend weht der Wind innige Gesänge aus einer nahegelegenen Kirche in den Garten des Hotels. Ich denke an mein Gespräch mit Barbara Küpper, Haiti-Expertin des katholischen Hilfswerks *Misereor* in Aachen. Im 18. Jahrhundert sei Haiti die profitabelste Kolonie Frankreichs gewesen, hat sie mir erzählt. Es lieferte die Hälfte des in Europa konsumierten Kaffees, dazu Zucker und Tropenhölzer für die Höfe europäischer Adliger: Mahagoni, Blutholz, Guajak.

Ermutigt von der Französischen Revolution erhoben sich Ende des 18. Jahrhunderts auch die Sklaven Haitis. Sie erkämpften die Unabhängigkeit, mussten aber ein Jahrhundert lang Schadenersatz an Frankreich zahlen – insgesamt 20 Milliarden Euro nach heutiger Kaufkraft.

»Die Haitianer mussten für ihre Freiheit Holz liefern – und Zucker, der damals wie weißes Gold gehandelt wurde«, erzählt mir Barbara Küpper. »Auch das führte dazu, dass Wald abgeholzt wurde.« Im 20. Jahrhundert ging der Kahlschlag weiter: Als Haiti von 1915 bis 1934 unter amerikanischer Besatzung stand, holzten US-Unternehmen hunderttausende Tonnen Holz ab und exportierten es. »Auch die Regimes von Vater und Sohn Duvalier vernichteten riesige Waldflächen. Das Holz wurde verkauft, der Erlös beiseite geschafft.«

Heute seien die noch verbliebenen Bäume bedroht, weil die Menschen extrem arm seien, erklärt mir die *Misereor*-Expertin. »Frauen kochen fast nur mit Holz; 70 Prozent der in Haushalten verbrauchten Energie werden aus Holz gewonnen; und Holzkohle ist eins der lukrativsten Geschäfte, weil kein anderer Brennstoff vorhanden ist.«

Schließlich rodeten die Bauern Haitis sogar ihre Kaffeesträucher – frustriert von schwankenden Weltmarktpreisen. Und weil sie keine profitable Alternative fanden, fällten sie auch die Bäume, die den Kaffeesträuchern Schatten gespendet hatten. Um 1900 war Haiti, mit einer Million Einwohnern, noch zur Hälfte mit Wald bedeckt; heute ist es, mit elf Millionen Einwohnern, zu nur noch wenigen Prozent bewaldet. Eine Tradition der Wiederaufforstung gibt es nicht.

... Hurrikans ...

Haitis Kleinbauern produzieren fast die Hälfte der im Lande verbrauchten Nahrungsmittel – und dies überwiegend an kahlgeschlagenen Steilhängen, die schutzlos Sonne und Regen ausgesetzt sind. Es regnet genug in der Karibik; aber das Wasser trifft oft auf blanken, ausgedörrten Boden; es hat keine Chance einzusickern und schwemmt stattdessen immer mehr wertvollen Humus in die Flüsse.

Überschwemmungen und Bodenerosion sind die Folge, verschärft durch den Klimawandel, der die Karibik besonders hart trifft: kürzere, heftigere Regenzeiten; längere Dürren, verheerendere Wirbelstürme.

Die Luft nehme über dem wärmeren Meerwasser mehr Energie auf als früher, sagen Experten – in Form von Wasserdampf.

Matthew, einer der schlimmsten Hurrikans der Geschichte, traf 2016 auch das Bergdorf Gentilotte mit voller Wucht, erzählt der Bauer Misail Altima in seinem grau getünchten Lehmhäuschen. »*Matthew* war furchtbar. Ich zittere heute noch, wenn ich daran denke, wie wir aus unserem Haus rannten und es kurz darauf zusammenbrach.

Dem 50-jährigen Bauern stehen Tränen in den Augen; seine Stimme zittert. »Hinter dem Mangobaum dort hatten wir uns verkrochen, um nicht von herumfliegenden Trümmern erschlagen zu werden. Es regnete wie verrückt. Meine Nachbarn und ich verloren alle unsere Tiere; und meine Kinder wurden krank, weil wir wochenlang kein sauberes Wasser hatten.«

Misail Altima schüttelt den Kopf. »Es ist seltsam geworden mit dem Wetter in den letzten Jahren. Wenn wir Regen brauchen für unsere Yams-Wurzeln und fürs Gemüse, dann fällt keiner. Aber kurz vor der Ernte kommt dann ein Wolkenbruch und spült alles fort. Kurz darauf brennt die Sonne Risse in den Boden.«

... und plündernde Politiker

Bittere Armut; landwirtschaftliche Knochenarbeit, die immer wieder zunichte gemacht wird; politisches Chaos. »Was hat all das aus den Menschen Haitis gemacht?«, habe ich in Port au Prince Colette Lespinasse gefragt, eine führende Menschenrechtlerin in Haiti.

»Die meisten unserer Politiker, einschließlich des Präsidenten, sind Verbrecher«, sagt Colette. »Sie plündern Haiti und die arme Bevölkerung aus.« Ein aktuelles Beispiel: Vor zehn Jahren erhielt Haiti eine große Menge Erdöl zu einem sehr günstigen Preis, den es zudem erst in vielen Jahren bezahlen muss. »Die Politiker verkauften das Öl, das eigentlich für Haitis Energieversorgung bestimmt war, und sackten den Profit in Höhe von vier Milliarden US-Dollar ein. Das ist der Hauptgrund für die vielen Unruhen zurzeit.«

Die Menschenrechtlerin schüttelt resigniert den Kopf: »Der öffentliche Nahverkehr fährt nicht; Geschäfte öffnen nicht; Kinder können nicht zur Schule gehen; Krankenhäuser sind mangels Strom geschlossen, und so viele Menschen hungern.«

... haben ein ganzes Volk traumatisiert

»Wir Haitianer sind chronisch traumatisiert«, meint Colette Lespinasse. »Wir seien so widerstandsfähig, heißt es; wir kämpften immer
weiter und überlebten trotz aller Schwierigkeiten. In den letzten Jahren haben wir aber Unvorstellbares erlebt: 2010 ein Erdbeben, dass
300.000 Opfer forderte und unsere Hauptstadt schlimmer zerstörte
als ein Krieg. Dann, im Oktober 2016, *Matthew* – den schlimmsten
Wirbelsturm, der Haiti je traf. Sie müssen sich vorstellen: ein Orkan
mit Windgeschwindigkeiten von 250 Kilometern pro Stunde; und die
Menschen haben nur ihre schlecht gebauten Hütten als Zuflucht. Da
sehen sie dem Tod direkt ins Auge.«

Ein unaufhörlich laufendes Mahlwerk aus Naturkatastrophen,
Lebensmittelmangel und politischer Krise zermalme die Widerstandskraft der Menschen, sagt Colette. »Und wir verzeichnen in den letzten
Jahren eine rapide Zunahme von Krankheiten, die es hier früher kaum
gab: Herzinfarkte, Hirnschläge, Diabetes. Dafür sind vor allem Stress
und psychische Traumata verantwortlich.«

»Die Bäume zahlen meine Rente«

Im Bergdorf Gentilotte pflückt Marilyn Pierres Cousin Rico Bousseau
eine Frucht, die aussieht wie eine Erbsenschote, von einem Baum mit
kleinen runden Blättern. »Eine sehr nährstoffreiche Frucht«, erklärt er.
Tatsächlich enthalten die Schoten des Meerrettichbaums *Moringa oleife-
ra* viel Vitamin A und C, Calcium und Magnesium. Die Blätter ergeben
nahrhaftes Viehfutter, die Samen hervorragendes Pflanzenöl. Ich sehe
auch zwei Breiapfelbäume, deren dicht wachsende Blätter viel Schatten
spenden. Die eiförmigen braunen Früchte, die *Sapodillas*, schmecken etwas mehlig, sind aber sehr nahrhaft.

»Die Bäume zahlen meine Rente, wenn ich mal alt bin«, lächelt Marilyn und deutet auf ihre Akazien ganz oben am Hang. »Die haben wir
gepflanzt, um die Erde festzuhalten und um später Holz zu haben – zum
Bauen und für Holzkohle. Für Obstbäume ist die Erde hier oben noch
nicht gut genug. Sie wird aber immer besser, weil die Blätter der Akazien
ein guter Dünger sind.«

Obstbäume lieferten in Haiti schon nach vier, fünf Jahren Erträge, erklärt Bertrand, ein junger Landwirtschaftsingenieur der Organisation

ACAPE, der für mich übersetzt. Akazien und Zedern seien nach zehn bis zwölf Jahren erntereif.

Pestizide aus Neem-Öl, Pfeffer und Tabak

Früher, sagt Bertrand, sei der Hang, an dem wir stehen, ein- bis zweimal im Jahr schwarz von Asche gewesen. Die Bauern hätten ihre Erntereste abgebrannt und so, ohne es zu wissen, wertvollen Dünger vernichtet. »Heute betrachten wir das Abbrennen der Felder als ein Verbrechen. Es ist, als ob du einen Menschen tötest. Im Erdboden leben ja sehr viele kleine Mikroorganismen, die du nur im Labor siehst. Sie tragen maßgeblich dazu bei, die Erde hier fruchtbar zu machen. Wenn du dein Feld abbrennst, tötest du diese kleinen Lebewesen.«

Vor dem Nachbarhaus trinken junge Leute Tee – während ich staunend den Hang hinabschaue. Ich sehe keinen Quadratmeter nackten Erdreichs. Der Boden ist vollständig mit Pflanzenresten bedeckt – gemulcht würden deutsche Gärtner sagen. Das halte die Feuchtigkeit und dünge den Boden, sagt Marilyn.

Für Kunstdünger hat hier niemand Geld – und auch nicht für chemische Pestizide. Schädlinge bekämpft die Bäuerin mit selbst angerührter Brühe aus Neem-Öl, Pfeffer und Knoblauch; aus Tabak und Basilikum. Früher, sagt sie, habe es die Existenz ihrer Familie bedroht, wenn Schädlinge ihre einzige Feldfrucht befielen. Jetzt stelle die Vielfalt an Früchten sicher, dass höchstens ein Teil ihrer Ernte ausfalle.

Morgen ist Markttag im zwei Stunden entfernten Tal. Früh um vier wird Marilyn ihren Maulesel mit Brotfrüchten beladen. Vom Erlös will sie Speiseöl, Zucker, Salz und eine neue Hacke kaufen. Außerdem braucht sie Geld für die Schule der Kinder. »Die guten Schulen hier sind fast ausschließlich Privatschulen und verlangen Gebühren.«

Die Truthähne laufen noch frei herum

Am anderen Ende des Dorfes besuche ich Joel Gaspard, einen recht wohlhabenden Bauern. In frisch gebügeltem Hemd und Khakihose wirkt er fast wie ein Manager. Joel besitzt Kühe, Ziegen und Schafe; Schweine, Hühner und Puten. Früher, erzählt er, seien die meisten seiner Tiere frei herumgelaufen und hätten hemmungslos die Äcker ab-

Abb. 54: **Nutzbäume** – Oben am Hang, wo die Böden meist steinig und karg sind, werden Akazien und andere Brenn- und Bauholz liefernde Bäume angepflanzt.

Abb. 55: **Breiapfelbaum** – Seine Früchte, die *Sapodillas*, sind sehr nahrhaft.

Abb. 56: **Auf zum Markt** – Der Erlös aus dem Verkauf von Feldfrüchten fließt in Speiseöl, Zucker, Schulgeld oder auch mal ein neues Kleid.

gefressen – auch die seiner Nachbarn. Immer wieder habe es deshalb Streit gegeben. Heute ist Joels Hof mit Kakteenhecken umzäunt; seine beiden schwarzen Schweine können nur im Umkreis eines Mangobaums wühlen; und das große Wohnhaus ist umgeben von Stallungen.

»Ziegen, Schafe und Kühe sind bei mir jetzt immer im Stall oder angebunden«, erklärt mir der Bauer. So habe er es früher auch mit seinen Schweinen gehalten. »Schweine sind aber empfindliche Tiere. Sie werden schnell krank, wenn du sie im Stall hältst. Deshalb habe ich die meisten Schweine verkauft und halte jetzt mehr Hühner als früher.«

Einige Hühner laufen noch frei herum – wie die beiden im Schatten der Bäume dahin stolzierenden Truthähne. »Meine wertvollen Legehennen aber habe ich sicher untergebracht«, sagt Joel Gaspard und zeigt mir einen von Maschendraht umgebenen Stall, der auf einem Betonsockel steht. »Ich will ja nicht, dass meine Hennen von anderen Tieren herumgescheucht oder gefressen werden.«

»Jetzt lohnt sich meine Arbeit«

Joel Gaspard schnappt sich Zange, Hammer, Draht und Nägel, um ein Loch im Ziegenstall zu reparieren. »Kommen Sie jemals zur Ruhe?« frage ich, während mein Blick auf die kahlen Hänge der Umgebung fällt. Der Umgang mit Dutzenden Feldfrüchten und Bäumen, mit den Tieren; das Abdecken der Felder, die Zubereitung von Kompost und natürlichen Pestiziden – sei all das nicht viel zu viel Arbeit? Er arbeite schon immer viel, antwortet Joel lächelnd. Nur, jetzt lohne sich die Arbeit. »Allerdings nicht für alle«, sagt er plötzlich mit ernster Miene. Immer mehr Bauern besäßen zu wenig Land oder gar keins. Sie müssten Land pachten und dem Eigentümer die Hälfte der Ernte überlassen. »Einer meiner Nachbarn muss von einem halben Hektar Land auch noch seine Eltern ernähren, denen das Land gehört.«

Joel Gaspard leitet, als einer der angesehensten Bauern im Dorf, einen kleinen Solidaritätsfonds, in den viele Bauern einzahlen. Können sie irgendwann Saatgut oder Schulgebühren nicht bezahlen, erhalten sie einen kleinen Kredit.

Wer kann, wandert aus

Auf dem Rückweg nach Les Cayes sehen wir einmal mehr den Rauch der Barrikaden. Wir müssen die Stadt umfahren; auch tanken ist nicht möglich. Denn an der einzigen Tankstelle in Reichweite prügeln sich bereits Motorradfahrer um die letzten Tropfen.

Bertrand, mein Übersetzer, knirscht mit den Zähnen. Seine Frau erwarte, dass er Essen und Windeln mitbringe für den zweijährigen Sohn und die drei Monate alten Zwillinge. Aber wo soll Bertrand einkaufen, wenn sich alle Geschäfte Le Cayes' am Generalstreik beteiligen?

Viele seiner Freunde seien ausgewandert, sagt er – in die USA, nach Brasilien, in die Dominikanische Republik. 80 Prozent aller Haitianer mit einer ordentlichen Bildung wandern aus. Drei Millionen Haitianer arbeiten im Ausland; von dort überweisen sie jährlich rund drei Milliarden Dollar, die vielen Familien hier helfen zu überleben.

Haitianer die jetzt auswanderten, fänden aber kaum noch einen Job, meint Bertrand. »Die meisten bereuen es dann, dass sie ins Ausland gegangen sind«, sagt er. »Diese Leute laufen vor dem Elend davon und geraten dann in genau dieses Elend. Sie geben einen Haufen Geld aus,

Abb. 57/58: **Bauer und Manager** – Joel Gaspards Tiere sind zumeist angebunden oder in Ställen untergebracht. Nebenbei leitet er den Solidaritätsfonds seines Dorfs.

Abb. 59: **Straßenblockaden überall** – Ich habe es als mühsam und nicht ungefährlich erlebt, durch Haiti zu reisen.

um ins Ausland zu kommen; und dann verbringen sie ihre Zeit dort in einer schäbigen Unterkunft, ohne irgendetwas zu tun.«

»Mein kleiner Bruder ist Lehrer und spricht Englisch – so wie ich«, erzählt Bertrand bitter. »Er wollte unbedingt nach Brasilien, weil er glaubte, dort ein besseres Leben zu finden. Inzwischen ist er schon ein Jahr in Brasilien und hat bis heute keinen Job gefunden. Jetzt will er zurückkommen.«

Millionen Bäume helfen gegen den Klimawandel ...

Nicht weit von meinem Hotel liegt, umgeben von Ackerland, das Hauptquartier der Organisation *ACAPE*. Es wirkt wie eine Gärtnerei: In der angeschlossenen Baumschule sehe ich Tausende Setzlinge von Obstbäumen und Akazien in schwarzen Töpfen.

ACAPE arbeite derzeit in zehn Dörfern, sagt der hochgewachsene Chef Raymond Delinois. 300.000 Bäume habe die Organisation in den letzten zehn Jahren gepflanzt; 60 Prozent davon hätten überlebt, obwohl Hurrikan *Matthew* große Schneisen gerissen habe.

ACAPE ist Teil eines Netzwerks von 40 Organisationen in Haiti, die agrarökologische Klimaanpassung betreiben – mit insgesamt 30.000 Familien. Zusammen haben sie mehrere Millionen Bäume gepflanzt und die Landwirtschaft der Familien dauerhaft dem Klimawandel angepasst.

… und mildern Armut

»Wir fördern auch die Weiterverarbeitung landwirtschaftlicher Produkte«, berichtet Delinois. »Maniok können die Bauern zu Mehl verarbeiten, das acht Monate haltbar ist. Sie können Honig und Erdnussbutter herstellen und aus Äpfeln ein lange haltbares Gelee.« *ACAPE* hat auch eine Gruppe von 70 Frauen organisiert, die verarbeitete Agrarprodukte verkaufen – zum Teil sogar ins Ausland.

»Wir helfen den Bauern, langfristig orientiert zu arbeiten«, betont der *ACAPE*-Leiter. Bäume und richtig gepflegte sowie vielfältig genutzte Böden speicherten Kohlendioxid; sie stellten die Ernährung der Menschen auch in schwierigen Zeiten sicher; sie sorgten für neue biologische Vielfalt: »Wo versiegte Quellen wieder sprudeln, die Böden giftfrei sind und Bäume Zuflucht wie Nahrung bieten, kommen auch Reptilien und Vögel zurück.«

Die neue Landwirtschaft habe die Armut in Dörfern wie Gentilotte deutlich gemildert, sagt Raymond Delinois. Ein Hurrikan, eine Dürre oder eine Missernte gefährdeten kaum noch die Existenz einer Familie. »Wir haben keine wissenschaftliche Studie gemacht, inwieweit genau sich das Leben der Menschen verbessert hat – im Vergleich zu ihrer Situation vor fünf oder zehn Jahren.« Früher aber hätten die meisten Bauern nur ein oder zwei Produkte angebaut und seien stets von Hunger bedroht gewesen. »Jetzt produzieren sie Dutzende von Nahrungsmitteln; und es muss schon etwas sehr Schlimmes geschehen, dass ihnen das Essen ausgeht.«

In den meisten Nachbardörfern von Gentilotte bauten die Bauern weiter nur wenige Feldfrüchte an ungesicherten Hängen an, berichtet Delinois achselzuckend. Immer mehr Bauern jedoch ahmten inzwischen nach, was sie in *ACAPE*-Projekten sähen. »Fast täglich habe ich Besuch von Bürgermeistern, die mich bitten, auch ihre Dörfer ins Programm aufzunehmen. Das aber kostet Geld, das wir nicht haben.«

Starthilfe für Klimahelden

Nur wenige internationale Hilfswerke unterstützen die Waldgärtner Haitis. Der größte Förderer ist seit 20 Jahren das deutsche Hilfswerk *Misereor*. Die Reform der kleinbäuerlichen Landwirtschaft in den Bergen Haitis bekämpfe ländliche Armut nachhaltig, meint Anika Schröder, Klimaexpertin bei *Misereor* in Aachen. Mittlerweile zehntausende Bauernfamilien hätten sich dem Klimawandel angepasst und leisteten einen großen Beitrag, ihn zu bekämpfen.

»Die enorme Vielfalt in diesen Waldgärten führt dazu, dass selbst nach schlimmstem Unwetter oder Schädlingsbefall immer ein Teil der Ernte erhalten bleibt«, hat mir Anika Schröder erklärt. »Diese Systeme sind extrem resilient. Der Erfolg mit ihren Waldgärten zeigt den Menschen, dass sie unglaublich viel können; und sie gewinnen Mut, neue Dinge auszuprobieren: neue Pflanzen anzubauen, unterschiedliches Saatgut zu nutzen, sich mit anderen Landwirten auszutauschen.«

Zehntausende Bauern hätten als Klimahelden neues Leben in die verödeten Berge Haitis getragen, meint Anika Schröder. »Wir sind überzeugt, dass diese Agrarökologieprojekte auch auf lange Sicht den Menschen helfen, sich an den Klimawandel anzupassen.«

Gefangen im Hotel

Am nächsten Tag sind alle Zugangsstraßen zum Hotel blockiert, an den folgenden zwei Tagen auch. Aus dem Internet erfahre ich von weiteren Straßenbarrikaden. Oppositionsführer rufen erneut zu Demonstrationen auf – und im Hotel gibt es immer weniger zu essen: morgens aufgetauten Toast mit Marmelade, mittags und abends zähes Rindfleisch mit Reis; kein Obst, kein Gemüse, keine Eier. Die resolute Hotelbesitzerin lässt den Stromgenerator nur noch eine Stunde am Abend laufen. Sie weiß nicht, wann wieder Dieselöl kommt.

Ich spekuliere mit zwei Angehörigen der US-Botschaft über Hubschrauber, die uns hier rausholen könnten, und beobachte vier US-Missionare bei stundenlangem Kartenspiel. Mein Übersetzer Bertrand, der – ohne Essen und Windeln für die Kinder – in seiner Wohnung festsitzt, schickt mir eine bittere *Whatsapp*-Nachricht:

»Mein Freund, ich kann nicht in Worte fassen, wie schlecht ich mich fühle angesichts des immer größeren Elends in meinem Land«, schreibt Bertrand diesmal. »Damit muss Schluss sein, endlich Schluss. Ich fühle mich so traurig, Mann. Und manchmal frage ich mich, warum ich Haitianer bin. Ja, die Menschen hier sagen, es sei Gotteslästerung, so etwas zu fragen. Andererseits sagen doch die Leute in aller Welt, wir Haitianer seien nichts wert – wegen der Arschlöcher, die uns regieren.«

Abb. 60/61: »**Das Leben auf dem Dorf ist besser.**« – Bauer Silio Cassayoll will die Chancen einer neuen Landwirtschaft auch Jugendlichen und Kindern in Gentilotte nahebringen.

Abb. 62: **Kein Verkehrschaos in Port au Prince** – Die Autofahrer haben Angst, dass Aufständische ihnen ihr Fahrzeug anzünden.

Mein vierter Tag im Hotelarrest ist ein Samstag. Heute Nacht oder nie – sage ich mir. Auch Demonstranten müssen irgendwann schlafen. Und tatsächlich: Der Fahrer einer Partnerorganisation von *ACAPE* ist bereit, mich zum Flughafen von Port-au-Prince zu fahren.

Beim Packen höre ich noch einmal innigen Gesang der Kirchengemeinde jenseits der Mauer. Ich kann nicht schlafen, wälze mich hin und her im Bett, während der Wind Voodoo-Getrommel in mein Zimmer trägt. Im ersten Morgengrauen stehe ich auf; das Auto wartet schon.

Eine Zukunft auch für junge Leute

Die Fahrt führt vorbei an noch kokelnden beiseite geräumten Reifenresten im schlafenden Les Cayes, an weggeschobenen schweren Steinen außerhalb der Stadt, an qualmenden Barrikaden in mehreren Dörfern. Ich denke an Silio Cassayoll, einen Bauern in Gentilotte. Ein alter Mann mit eingefallenen Wangen; mit nachdenklichem und doch zuversichtlichem Blick. Auch sein leuchtend blaues T-Shirt und die gelb-roten Blumen darauf strahlten Optimismus aus.

Vor drei Wochen ist Silios 20-jährige Tochter nach Port-au-Prince gegangen. Sie hofft auf ein besseres Leben in der Stadt. »So viele junge Leute gehen weg, weil ihnen die Feldarbeit zu hart ist«, hat der Vater gesagt. »Und wir Alten bleiben zurück. Das geht so nicht weiter.«

Silio und einige andere Bauern seines Dorfs wollen junge Leute davon überzeugen, dass es sich lohnen kann, in der Landwirtschaft zu arbeiten – wenn man es richtig macht. »Der Leiter der Schule im Tal tritt uns nun ab und zu eine Stunde ab. Dann erklären wir den Schülern, dass wir eine völlig neue Landwirtschaft aufbauen. Und mit der könne man besser leben als mit einem miserablen Job in der Stadt. Und tatsächlich: Ein paar junge Leute, die zuvor überhaupt keine Lust auf Landwirtschaft hatten, helfen jetzt ihren Eltern auf dem Feld.«

Es ist schon taghell, als ich in Port-au-Prince ankomme. Die Morgensonne beleuchtet halb verbrannte Reifen und vom Nachtregen durchnässte Müllhaufen. Junge Männer am Straßenrand blicken misstrauisch auf das Auto, in dem ich sitze – das einzige Fahrzeug weit und breit. Die Straße zum Flughafen ist frei.

9 Heide-Vernichter

Abb. 63/64: **Wälder für Schottland** – Birken und Scots Pines drängen die Heide langsam aber sicher zurück, wenngleich junge Bäume vielerorts mit Zäunen vor Wildverbiss geschützt werden müssen.

Wie in Schottland die größte Wiederaufforstung Europas gelingt

I n Edinburgh, Regierungssitz Schottlands und inoffizielle Hauptstadt der Wiederaufforstung in Europa, gehe ich an einem Märztag des Jahes 2019 die Corstorphine Road entlang – vorbei an viktorianischen Prachtvillen, gemauert aus Sandstein, gebettet in gepflegtes Grün. Jo O'Hara, die Chefin der schottischen Forstbehörde, residiert im *Silvan House*, einem halbkreisförmigen, fünfstöckigen Zweckbau. Sie ist stolz auf die Leistungen ihrer Behörde.

»Derzeit absorbieren die Wälder Schottlands zwölf Millionen Tonnen Kohlendioxid pro Jahr«, berichtet O'Hara stolz. »Und jeder neu angepflanzte Hektar Wald absorbiert weitere sieben Tonnen pro Jahr. Deshalb sieht Schottlands Klimaschutzplan vor, dass wir mindestens 10.000 Hektar neuen Wald pro Jahr pflanzen – und ab 2025 sogar 15.000 Hektar pro Jahr. Das ist für ein so kleines Land eine gewaltige Leistung – die ihresgleichen sucht in der *Europäischen Union*.«

Schottland ist, neben seinem reichem Kulturerbe, vor allem für die wilden, weitgehend baumlosen Highlands bekannt – mit ihren Hochmooren, lila blühender Heide und unvergleichlichen Weitblicken. Nach dem Ende der letzten Eiszeit vor 10.000 Jahren hatte noch *Caledonian Forest* – unwegsamer, kühl-gemäßigter Regenwald – fast ganz Schottland unterhalb von 600 Metern Meereshöhe bedeckt. Dann kam der Mensch und mit ihm der wachsende Verbrauch von Holz. Um 1900 war Schottland zu gerade noch fünf Prozent bewaldet. Und nur noch ein Prozent des Waldes war *Caledonian Forest*.

Nach dem Ersten Weltkrieg jedoch begannen die Schotten die größte Wiederaufforstung in der Geschichte Europas. Sie läuft bis heute und wird, vor dem Hintergrund der Klimazerstörung, immer wichtiger. Die schottische Regierung und zahlreiche Privatinitiativen tragen die Programme gemeinsam. Diese europäischen Klimahelden haben dafür gesorgt, dass wieder über 19 Prozent Schottlands bewaldet sind. Und bis 2050 sollen es 25 Prozent sein.

Abholzung für Industrie und Schützengräben

Eine erste Fahrt in die östlichen Highlands wirkt bedrückend auf mich. Ich erlebe die Cairngorms, die größte und wildeste Bergkette Großbritanniens als erschreckend kahl – vielleicht auch wegen der geringen Fernsicht an diesem nebligen Märztag.

Vor wenigen hundert Jahren war diese Region noch dicht mit *Scots Pines*, schottischen Kiefern, bewachsen; mit Ulmen, Espen, Erlen und Eiben. An der feucht-milden, atlantisch geprägten Westküste dominierten Eichen, Birken und Haselnuss – gebettet in Moose, Farne und Flechten. Von jener Zeit künden da und dort noch uralte Bäume – wie die auf einem Friedhof bei Perth stehende *Fortingall-Eibe*. Das Alter dieses wohl ältesten Lebewesens in Europa wird auf bis zu 3.000 Jahre geschätzt.

Während der industriellen Revolution benötigte Großbritannien Unmengen von Holz – als Stempel in Bergwerken, als Brennstoff für Hochöfen, für den Schiff- und Hausbau, zum Heizen. Und wie die meisten Regionen Großbritanniens wurde auch Schottland abgeholzt.

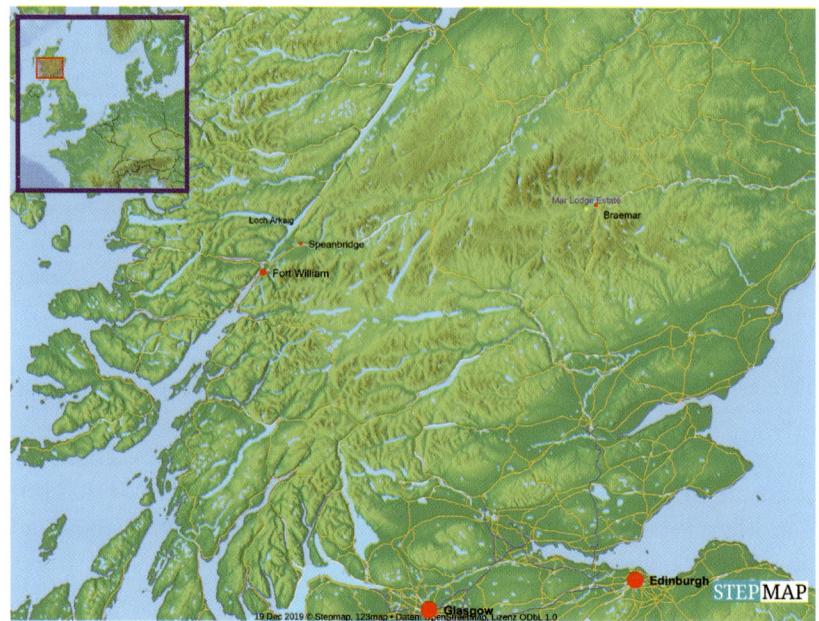

Karte 6: Schottland

1852 machte Königin Victoria dann *Balmoral Castle* in Aberdeenshire zu ihrem Jagdschloss; und eine neue Jagdleidenschaft ergriff die adligen Landbesitzer Schottlands. Seit jener Zeit grasen, neben Millionen von Schafen, auch eine Million Rehe, Rot- und Damhirsche in den *Highlands*. Sie verbeißen besonders gern die Triebe junger Laubbäume und töten sie ab.

Als schließlich, im Ersten Weltkrieg, auch noch unzählige Schiffsladungen schottischen Holzes in Schützengräben verbaut waren, stand Großbritannien fast ohne jede Holzreserve da, erzählt Jo O'Hara.

Aufforstung mit Monokulturen

1919 gründete die britische Regierung, aus dieser Not heraus, die Forstbehörde – mit dem Ziel, vor allem Schottland wieder aufzuforsten. Und die Bewaldung Schottlands wuchs in hundert Jahren von fünf Prozent der Landesfläche auf heute knapp 20 Prozent.

»Dieses gewaltige Wachstum«, sagt die Leiterin der Forstbehörde, »kam vor allem durch die Pflanzung von Nutzholzplantagen zustande. Mehr Holz zu produzieren, war lange Zeit das überragende Ziel der Wiederbewaldung Schottlands. Deshalb pflanzte man fast ausschließlich schnell wachsende Bäume wie die aus dem Nordwesten der USA stammenden Sitka-Fichten.«

Besonders in den 1960er und 70er Jahren entstanden, vom Staat subventioniert, Fichten-Monokulturen. Die Sitka-Fichte wächst schnell und fast überall, widersteht Krankheiten und Schädlingen und liefert astfreies weißes Holz – für die Papier- und Bauindustrie; für Zäune, Paletten und Spanplatten; für Pellets zum Heizen. Die Fichten-Monokulturen erweisen sich jedoch als verhängnisvoll für Schottlands Natur.

Trockengelegte Moore

Vom *Silvan House* schlendere ich zurück ins Zentrum Edinburghs, zur Princess Street – mit ihren Straßenbahnen und Doppeldeckerbussen, mit dem Blick hinauf zum Schloss. Später spaziere ich mit George Anderson den Water of Leith entlang, ein idyllisches Flüsschen in Edinburgh, an dem eine steinerne Brücke und wuchtige, von Gebüsch umrankte Sandsteingemäuer von früheren Jahrhunderten erzählen.

Abb. 65: **Atem der Geschichte** – Am Water of Leith in Edinburgh kann man stundenlang verweilen und von alten Zeiten träumen.

Anderson ist Sprecher des *Woodland Trust Scotland* – einer Umweltschutzorganisation, die den natürlichen Wald des Landes bewahren und vergrößern will. Die vom Staat geförderten Fichten-Monokulturen, sagt er, hätten die ohnehin kargen und sauren Böden der Highlands noch saurer gemacht.

»Und leider wurden auch in einem sehr wertvollen Lebensraum massenhaft Fichten gepflanzt«, berichtet Anderson, »in unseren Torfmooren. Im Norden Schottlands, zum Beispiel, liegt *Rannoch Moor* – eine weite Ebene voller Torfmoore und Wasserläufe – völlig ungeeignet für Landwirtschaft. Um dort Bäume pflanzen und Viehweiden anlegen zu können, legte man die Moore trocken – mit der Folge, dass sie oxydierten und gewaltige Mengen Kohlendioxid freisetzten.«

Schottland besitzt 15.000 Quadratkilometer Moore mit bis zu fünf Meter tiefen Torfschichten, die über Jahrtausende gewachsen sind. Diese Moore sind hocheffiziente CO_2-Senken; sie speichern rund eine Milliarde Tonnen Kohlendioxid – weit mehr als sämtliche Wälder Schottlands. Diese Moore anzutasten gilt heute als schwere Klimasünde. Und inzwischen geben die Forstindustrie und Schottlands Regierung Millionen Pfund aus, um Wald-Monokulturen in den Mooren wieder zu roden, Entwässerungskanäle zu verstopfen und die schwer geschädigten Torfmoore so einigermaßen wiederherzustellen.

Andrew Heald, der Sprecher des Verbandes der Forstindustrie in Edinburgh, schüttelt den Kopf, als ich mit ihm über die Zerstörung der Torfmoore spreche: »Dieses Moorland stand damals einfach zur Verfügung. Es war billig; es war durch keinerlei Gesetz geschützt – und folglich das ideale Land für Baumplantagen. Dieser Ansicht waren sowohl die Regierung als auch die Industrie – was zu Praktiken führte, für die wir uns heute schämen.«

Urwald am Loch Arkaig

An einem diesigen Morgen treffe ich Steve Morris, einen Forstexperten des *Woodland Trust Scotland*. Vom *Commando Memorial*, einem Kriegerdenkmal oberhalb des Dorfs Spean Bridge bei Fort William in Westschottland, blicken wir auf noch schneebedeckte Berge der westlichen Highlands. Der Ben Nevis, der höchste Berg Großbritanniens, ist völlig in Weiß gehüllt.

Steve lenkt meinen Blick auf ein Stück Grasland und eine Fichtenplantage im Vordergrund. Dahinter, etwas tiefer gelegen, deutlich hellerer Laubwald. »Dieser kleine Wald aus Birken, einer einheimischen Baumart, steht in einer Schlucht. Nur, weil die steil abfällt und deshalb unzugänglich für grasende Wildtiere ist, überleben die Birken dort.«

In Steve Morris' Elektroauto fahren wir zum 20 Minuten entfernten *Loch Arkaig*, einem See – vorbei an weidenden Schafherden und eingezäunten Fichten-Monokulturen, an mit Flechten überzogenen Birken-Hainen und verfallenden, dick mit Moos bewachsenen Mauern. Die *single track road* ist kaum drei Meter breit.

Halt bei den Chia-aig-Wasserfällen am Südufer des 20 Kilometer langen und bis zu 800 Meter breiten Loch Arkaig. Hier erwarb der *Woodland Trust* 2016 einen Wald von rund zehn Quadratkilometern Fläche – gemeinsam mit einem lokalen Naturschutzverein. Es ist einer der wenigen Reste von Kiefern-Urwald in Schottland – durchsetzt mit Eichen, Erlen, Birken und Hasel. In diesem Wald vermehren sich allerdings seit Jahrzehnten importierte Fichten und Rhododendren.

Der *Woodland Trust* will es dem Urwald ermöglichen, sich auf natürliche Art zu regenerieren. Er will die ursprüngliche ökologische

Abb. 66: **Vorfrühlingsmorgen am Loch Arkaig** – Wird der Urwald auch die kahle Heide im Hintergrund zurückerobern?

Abb. 67: **Die Chi-aig-Wasserfälle** – Die Fälle, die in den Loch Arkaig münden, zählen zu den beliebtesten Zielen für Wanderer in den westlichen Highlands.

126

Abb. 68: **Symbiose** – Birken, Hasel, Kiefern und Eichen im Regenwald der westlichen Highlands sind bedeckt von teils nur hier vorkommenden Moosen und Flechten.

Vielfalt wiederherstellen – ohne selbst Bäume zu pflanzen, wie es andere Organisationen in Schottland tun.

Wuchernde Rhododendren

Um gerodete, nicht zum Ökosystem gehörende Bäume abtransportieren zu können, müsse die Zugangsstraße verbreitert werden, erklärt mir Steve. Neben einem in den Loch Arkaig mündenden Bach sehe ich Forstarbeiter in roten Warnwesten auf Bäume klettern. Um möglichst wenig Schaden anzurichten, untersuchen sie Äste, die der Straße weichen sollen, auf Nistlöcher von Fledermäusen.

Am Seeufer gräbt währenddessen der junge Forstarbeiter Liam McLoone einen immergrünen Strauch mit Axt und Spaten aus. »*Rhododendron ponticum*« sagt er. Er blüht im Mai blass-rosa, stammt aus dem anatolischen Bergland und eroberte während der viktorianischen Ära schottische Gärten – und sehr bald auch den Wald. Das Problem: *Rhododendren ponticum* verbreitet sich im feucht-milden Klima Westschottlands rasant und erstickt andere Vegetation.

Abb. 69: **Knochenarbeit** – Liam McLoone gräbt am Ufer des Loch Arkaig einen *rhododendron ponticum*-Strauch aus.

Diesen Strauch auszurotten sei unabdingbar für die Erholung des natürlichen Waldes hier, sagt Liam. »Wir sägen die Äste ab und rücken mit Axt und Spaten den Wurzeln zu Leibe. Alle Pflanzenteile müssen vollständig austrocknen, damit sie nicht wieder Wurzeln schlagen. »Dieser Rhododendron ist verdammt gut verwurzelt im Fels hier am Seeufer«, stöhnt der Forstarbeiter. »Es kann viele Stunden dauern, bis ich ihn raus habe – oder sogar den ganzen Tag.«

Liam und seine Kollegen führen genau Buch über alle gerodeten Rhododendren – damit sie in ein, zwei Jahren wiederkommen können, um eventuell nachwachsende Pflanzen mit Stumpf und Stiel auszurotten.

Der lange Weg vom Keimling zum Baum

So mühsam wie die Unterdrückung ortsfremder, invasiver Pflanzen für die Forstarbeiter, sei es für nachwachsende heimische Bäume, sich ihren Platz im Wald zu erobern, sagt Steve Morris nachdenklich:

»Damit ein Keimling Wurzeln schlagen kann, braucht er ein Stück blanken Boden. In dieser Region aber ist die Erde meist dicht bewach-

Abb. 70: **Platz zum Wurzeln?** – Mag sein, im Schutz dieser jahrhundertealten Mauer wächst eine *Scots Pine* heran, die Mitte des 22. Jahrhunderts eine Höhe von 40 Metern erreicht.

sen – mit Moos und anderen Pflanzen. Das Saatkorn eines Baums mag deshalb zwar keimen; aber es wurzelt nicht in der Erde. Damit das trotzdem geschieht, brauchen wir Störungen des Naturgefüges: ein Feuer oder einen Sturm, der Bäume entwurzelt und die Erde an deren Wurzeln bloßlegt. So entsteht ein erhöhter Platz, wo Keimlinge in Ruhe wurzeln können – außerhalb der Reichweite von Hirschen.«

Auch Wildschweine, die die Erde aufwühlen, gäben einem Keimling Gelegenheit zu wurzeln, sagt Steve Morris. Damit aber habe der junge Baum nur den ersten Schritt getan auf seinem langen Weg, ein großer Baum zu werden. »Auf diesem Weg lauern zahlreiche Gefahren: Frost, zu viel Nässe oder Stauwasser im Boden; hungrige Tiere, die den Schössling fressen oder zertreten. So ein kleiner Baum muss viele Gefahren überstehen, bevor er zu einem großen Baum heranwächst.«

Brachvögel und Feudalherren

Im dichten Gras am See rufen Brachvögel, ein Regenbogen wölbt sich über Loch Arkaig. Am anderen Ufer erkenne ich durch aufreißenden

129

Nebel ein weißes Herrenhaus mit sieben Schornsteinen. Mehr als die Hälfte des Landes in Schottland gehört bis heute 500 reichen Familien, erfahre ich – und kann es kaum fassen: Die Erben einstiger Feudalherren besitzen bis heute den größeren Teil Schottlands. Und allein sie entscheiden, ob dort Wald wachsen darf oder nicht.

Steve lenkt meinen Blick zurück zum Wald, in dem wir stehen. Immer mehr rote Eichhörnchen gebe es hier jetzt, sagt er; die aus Nordamerika eingeschleppten grauen Hörnchen habe man zurückdrängen können. Auch Baummarder, Singvögel und Insekten wie Libellen und Waldameisen vermehrten sich zusehends.

Wildtiere, meint Steve Morris, spürten es, wenn ein Wald zurückfinde zu seiner natürlichen Gestalt. »Wir freuen uns sehr, dass jetzt hier, etwas weiter hügelaufwärts, ein Pärchen Fischadler brütet. Diese Adler fliegen im Frühjahr aus Afrika her, um bei uns zu brüten; und sie kehren im Herbst mit ihren Jungvögeln nach Afrika zurück.« Weiter oben im Tal niste auch ein Paar Seeadler. »Die gibt es erst seit 20 Jahren in Schottland. Sie verbreiten sich allmählich von der Westküste aus.«

Abb. 71: **Herrenhaus** – Das nur schemenhaft erkennbare Anwesen am anderen Ufer des Loch Arkaig erinnert an Geschichten der Brontë-Schwestern.

Für den Wald engagierte Bürger

Neben dem *Woodland Trust* gibt es zahlreiche weitere Initiativen schottischer Bürger, die sich der Wiederbewaldung Schottlands widmen. Die vor über 30 Jahren gegründete private Organisation *Trees for Life* hat sich ausdrücklich der Vision neuen *kaledonischen* (schottischen) Urwalds in Schottland verschrieben. 1,5 Millionen Bäume hat *Trees for Life* bereits gepflanzt – allein 200.000 auf dem früheren Jagdgut *Dundreggan Estate* in den westlichen Highlands, das inzwischen als Musterprojekt für erfolgreichen Naturschutz gilt.

Auch der *National Trust for Scotland*, eine in Edinburgh ansässige Stiftung für den Erhalt von Kultur- und Naturdenkmälern, schafft auf seinen Ländereien Bedingungen, dass sich Wälder aus heimischen Arten wieder ausbreiten können. Die meisten dieser Ländereien liegen in den östlichen Highlands, deren Gipfel durch die Einwirkung von Gletschern abgerundet sind. Vor allem hier gedeiht deshalb die berühmte schottische Heide; und es wird viel gejagt.

Mar Lodge Estate

Vom Bergsteigerdorf Braemar am Rande des Cairngorms-Nationalparks fahre ich, an einem endlich mal sonnigen Morgen, zehn Minuten den River Dee entlang. Mein Ziel: *Mar Lodge Estate*, mit 290 Quadratkilometern der größte Landbesitz des *National Trust for Scotland*.

Mit Shaila Rao, die Ökologin des Gutes, besteige ich einen mit 30 Meter hohen Kiefern bewachsenen Hügel. Wir schauen hinab ins weite Tal des River Dee, von dem wieder viele Vogelarten Besitz ergriffen haben. Den Fluss, dessen Ufer früher befestigt waren, überlasse sie jetzt sich selbst, sagt Shaila, deren Vater Inder ist. Immer wieder sei die Talebene überflutet, was die Dörfer flussabwärts vor Katastrophen schütze.

Bewundernd schaue ich die hoch aufragenden Kiefern hinauf – mit ihren weit ausladenden Kronen und der leuchtend roten Rinde. Nicht umsonst ist die grandios schöne *Scots Pine* der Nationalbaum Schottlands. Die junge Ökologin jedoch lächelt milde und ein wenig bitter. »Als ich zum ersten Mal durch diesen Wald lief, hatte ich das Gefühl, durch ein Altersheim für Bäume zu wandeln, durch einen allmählich sterbenden Wald. Es tat mir förmlich weh, ganze Gruppen von Bäumen zu sehen, die starben – ohne dass irgendetwas nachkam.«

131

Abb. 72: **Mar Lodge Estate** – Der Ballsaal im Herrenhaus des ehemaligen Jagdgutes ist komplett mit Geweihen verkleidet.

Mar Lodge, dessen Geschichte bis zum Anfang des 18. Jahrhunderts zurückreicht, war fast 200 Jahre lang ein Jagdgut – erst im Besitz der *Earls of Mar*, dann Eigentum von allerlei ausländischen Geschäftsleuten. Die Jagd auf Hirsche, Rehe und Moorhühner sei die wichtigste Einnahmequelle gewesen, erzählt die Ökologin. Die Besitzer von *Mar Lodge* hätten deshalb, wie die meisten Gutsbesitzer der Region, alles getan, die Zahl der Wildtiere möglichst hochzuhalten.

Zu viel Rotwild ...

In Schottland gibt es heute, sage und schreibe, zwölf Hirsche pro Quadratkilometer. Und das viele Rotwild hätte auch auf dem Land des *Mar Lodge Estate* sämtliche nachwachsenden Bäume verbissen, berichtet Shaila Rao. Gerade noch zehn Quadratkilometer alten, naturnahen Waldes habe es auf dem Gut gegeben, als sie hierherkam. Kleine Waldflecken wie der Hain, in dem wir stehen – mit bis zu fünfhundert Jahre alten Kiefern und ein paar Birken. Seit 1995 besitzt der *National Trust*

Abb. 73: **Altersheim für schottische Kiefern?** – Jahrhundertelang durften auf Mar Lodge Estate keine Kiefern nachwachsen.

Abb. 74: **Befreiter Fluss** – Die Ufer des sich durch Mar Lodge Estate schlängelnden River Dee waren früher befestigt. Jetzt sucht sich der Fluss wieder selbst seinen Weg.

133

for Scotland das *Mar Lodge Estate.* Und er hat sich das Ziel gesetzt, die fast 30.000 Hektar weitgehend kahlen Landes wieder zu dem werden zu lassen, was sie einmal waren – natürlicher Mischwald mit vielen *Scotch Pines* jeden Alters.

… muss, um des Waldes willen, erlegt werden

Für Waldbesitzer gebe es zwei Wege, nachwachsenden Bäume vor Wildverbiss zu schützen, hat mir in Edinburgh Shaila Raos Chef Dominic Driver erklärt, der das Referat *Naturerbe* beim *National Trust for Scotland* leitet.

Erstens könne man den Wald einzäunen, wie es vielerorts in Schottland zu sehen ist. Zäune aber verhindern die Ausdehnung des Waldes ins Umland. Sie versperren auch, als künstliche Barrieren, Vögeln den Weg; viele prallen gegen Zäune und kommen dabei um. Wanderer müssen um die oft viele Kilometer langen Zäune herum laufen.

Zweitens, meint Driver, könne man Hirsche und Rehe zu Tausenden abschießen – was aber unweigerlich zu Konflikten mit Nachbargütern führe, die mit der Jagd auf einen möglichst hohen Wildbestand Geld verdienen. Diese Konflikte nahmen die Naturschützer des *National Trust for Scotland* in Kauf, als sie tausende Hirsche erlegen ließen. Und zu allem Überfluss schien die Schießerei zunächst völlig nutzlos zu sein.

»In den ersten Jahren geschah gar nichts«, hat mir Driver erzählt. »Wir schossen Hirsch um Hirsch, inspizierten das Land regelmäßig und fanden keinerlei Veränderung der Vegetation. Und die Kritik unserer Nachbarn wuchs. Dann aber, an einem Tag im Frühjahr, rief mich Shaila an. Sie habe eine junge Eberesche entdeckt, dann noch eine – und mehrere schottische Kiefern. Da merkten wir, dass der Wald erst mit einer gewissen Verzögerung angefangen hatte, sich zu regenerieren.«

Junge Bäume erobern die Hügel

Auf *Mar Lodge Estate* schauen Shaila und ich von der Hügelkuppe hinunter in ein Seitental des River Dee. Auch hier sehe ich *Granny Pines*, Großmutter-Kiefern, wie Shaila greise Kiefern nennt. Am Hang gegenüber aber wachsen aus kniehoher Heide heraus hunderte junge, bis zu sechs Meter hohe Kiefern. Und sie scheinen den Hügel allmählich zu erobern.

Abb. 75/76: **Waldretterin** – Ökologin Shaila Rao ermöglicht es dem Kiefernwald von Mar Lodge Estate, sich früheren Lebensraum zurückzuerobern.

Dies sei eines der großen *Glens*, der Täler des Gutes, erklärt mir die Ökologin. »Hier hatten wir früher ausschließlich uralten Kiefernwald. Jetzt sehen Sie auch große Gruppen junger Kiefern, die die Heide längst überragen. Ganz allmählich entsteht an den Talhängen neuer Wald. Der wird die Heide im Laufe der Zeit immer stärker beschatten. Und weil Heide keinen Schatten mag, wird sie verschwinden, während die Bäume wachsen.«

Die Landschaft werde allmählich wieder zu dem, was sie einst war, sagt Shaila Rao. Und auch ich spüre die faszinierende Dynamik der Natur hier. Es gebe immer noch Rothirsche im Wald, sagt Shaila. Sie wolle sie auch im Ökosystem – nur im Gleichgewicht mit all dem anderen Leben im Wald.

Moorhuhn-Jagdvergnügen

In der Altstadt von Perth, der einstigen Residenz schottischer Könige, höre ich eine Dudelsackkapelle. Und ich treffe Menschen, die dagegen kämpfen, dass die Heide der *Highlands* dem Wald weicht. Bob Connelly, zum Beispiel, Sprecher der *Scottish Gamekeepers Association* (SGA), des Verbandes der Jagdhüter.

Bob spielt mir Videos vor, auf denen Flotten teurer Geländewagen über Highland-Pfade preschen. Jäger in eleganten Anzügen schießen aus in den Boden eingelassenen Ansitzen – auf schwarze Moorhühner mit rotem Kamm, die über die Heide flattern. Unsichtbare Helfer scheuchen immer neue Moorhühner auf; sichtbare Jagdhelfer in den traditionellen Tweedjacken ihrer Güter reichen den Jägern eine geladene Flinte nach der anderen.

Bob erklärt mir auch, dass die Treibjagd auf Moorhühner wirtschaftlich nur Sinn mache, wenn man zeitgleich hunderte Vögel auf die Gewehre der zahlenden Kundschaft zu treiben könne. Und um so viele Vögel zu produzieren, müsse man die Heidelandschaft entsprechend gestalten. »Moorhühner brauchen Heideflecken mit jungem Kraut, von dem sie sich ernähren«, sagt der Jagdhüter. »Und sie brauchen höher gewachsenes Kraut, wo sie sich verstecken und Nester bauen. Deshalb brennen wir immer wieder Teile der Heide ab. Das ergibt dann dieses Patchwork-Muster, das Sie an den Hängen sehen, und eine wunderbare Quelle guten Futters für unsere Moorhühner.« Die Jagd auf Moorhühner gibt es in Schottland seit etwa 200 Jahren. Vorher waren

Abb. 77/78: **Weide und Heide** – Seit 200 Jahren prägen Schafe und für die Jagd präparierte Heide die Landschaft der Highlands. Und manche Schotten wollen, dass es so bleibt.

die Gewehre nicht gut genug, um die Vögel im Flug zu treffen. Heute kostet das Vergnügen, Moorhühner zu schießen, eine Jagdgesellschaft von sechs Personen rund 3.000 Pfund pro Tag. In Schottland zu jagen ist ein Sport für Schwerreiche.

Gefährdet Wald die Vögel?

Jeder Hektar mehr Wald in den Highlands sei ein Hektar weniger Heide, sagt Bob Connelly. Es sei schon zu viel Heide verschwunden. Die Existenz etlicher Jagdgüter und zahlreiche Arbeitsplätze seien bedroht. Außerdem sei die schottische Heidelandschaft einzigartig in der Welt; und der Wald bedrohe auch die Vögel dort.

Es sei doch allgemein bekannt, dass bis zu 500 Meter entfernt vom Wald bodennistende Vögel nicht brüten könnten, argumentiert der Sprecher der Jagdhüter. »Denn sie werden vom Wald aus gejagt – von Krähen, Füchse und Raubvögeln. Deshalb sind viele Vögel hier in ihrem Bestand gefährdet: Brachvögel, Kiebitze und Rotschenkel, Goldregenpfeifer, Austernfischer und sogar Kornweihe. Das Anpflanzen von Wald drängt all diese Arten immer weiter zurück.«

Künstliche Heidelandschaft

»Scheinargumente« denke ich, während ich mit Shaila Rao durch den Kiefernwald des *Mar Lodge Estate* wandere. Müssen Tausende Quadratkilometer Highlands ökologisch degradiert werden – bloß weil ein paar Jägerbonzen hier ihren Spielplatz haben wollen? Und müssen, wovon mir Insider berichtet haben, Jagdhüter Adlern und Kornweihen mit Gift und Fallen nachstellen – nur weil die auch ein paar Moorhühner fressen?

Oberhalb von sechs-, siebenhundert Metern Meereshöhe gebe es genug Platz für die Heide, meint George Anderson vom *Woodland Trust*, Und dort oben hätten Touristen und Bergwanderer auch ihre geliebten, wunderbar weiten Ausblicke.

Leider hielten allzu viele Schotten die kahlen Hänge der *Highlands* für naturgegeben, sagt Anderson achselzuckend. »Eine besondere Eigenschaft von Bäumen und Wäldern ist es, dass sie sich sehr langsam entwickeln. Wir Menschen dagegen verfügen über einen sehr begrenzten Zeithorizont. Wir denken, dass die Dinge, wenn sie schon zur Zeit unserer Kindheit so waren, normal sein müssen. Viele Schotten denken deshalb, ein Land ohne Bäume sei normal. Sie haben es ja nie anders gekannt. Tatsächlich hat sich Schottland zu dem, was es jetzt ist, erst in den letzten 200 Jahren entwickelt.«

Die im August so betörend lila blühende Heide repräsentiere tatsächlich eine vom Menschen verstümmelte, ökologisch verarmte Landschaft, sagt mir so mancher Bewohner der Highlands. Die Heide zu idealisieren verbiete sich eigentlich.

Shaila Rao zeigt nur wenig Verständnis für die Sorgen des Jagdhüter Connelly. Letztlich sei mehr Wald wichtiger für Schottland als die Interessen der Jäger, sagt sie; wichtiger auch als die grandiosen Ausblicke der Touristen über lila blühende Heide.

Neue Lebensräume

Fast trotzig blickt Shaila auf einen schneebedeckten Berg im Norden des Gutes *Mar Lodge*. »Kiefern wachsen bei uns inzwischen weit die Hügel hinauf – zumindest bis auf 700 Meter Meereshöhe«, sagt sie. Einzelne Bäume fänden sich sogar in Höhen bis zu 900 Metern, und in deren Gesellschaft Sträucher wie Wacholder. »Das ist schon fast wie in Skandinavien, wo in Höhenlagen Krüppelkiefern mit Wacholder, Zwergbirken und Kriechweiden ein Gebüsch bilden. So entsteht ein neuer Lebensraum, der nach oben hin immer lichter wird.«

In diesem Lebensraum vermehren sich vor allem die Waldvögel: Goldhähnchen, Spechte, Schottland-Kreuzschnäbel. Zuletzt brüteten auf *Mar Lodge Estate* auch sieben Paare Kornweihen.

Spuren feudaler Willkür

Als wir weiter den River Dee entlang wandern, fällt mein Blick auf Reste alter Gemäuer kaum hundert Meter entfernt vom Fluss. Ruinen, wie es sie überall in den *Highlands* gibt. Sie erinnern an die *Highland Clearances*, eins der schlimmsten Traumata, die dem einfachen schottischen Volk je widerfuhren.

»Die Ruinen sind Reste eines alten Dorfs«, erzählt mir Shaila. In diesem Tal und vielen anderen Schottlands lebten früher Kleinbauern, die Land von den adligen Eigentümern gepachtet hatten. Während des

18. und 19. Jahrhunderts aber vertrieben die Aristokraten die Bauern, um das Land für Schafzucht und Jagd zu nutzen.

Viele Vertriebene wurden zwangsweise auf Auswandererschiffe gebracht, die nach Amerika fuhren; andere wurden auf extrem karges Land umgesiedelt, wo sie oft verhungerten. Die gälische Sprache der Bauern starb weitgehend aus. »Allein hier auf *Mar Lodge Estate* hatten wir drei Dörfer, aus denen die Pächter vertrieben wurden«, berichtet die Ökologin des Guts.

Partner der Forstbehörde

Auf dem Weg zurück zum Herrenhaus des *Mar Lodge Estate* fahren wir noch eine Weile durch sehr gleichförmigen Wald: eine fast hundert Jahre alte Kiefernmonokultur links, ein 40- bis 50-jähriger Nadelwald rechts der Straße. Diese Bäume seien aus kommerziellen Gründen gepflanzt worden, erklärt mir Shaila. »Trotzdem wollen wir sie nun in die Landschaft integrieren und ihr Potenzial an Biodiversität optimieren. Aus der jüngeren Plantage haben wir ausländische Fichten und Kiefern entfernt. Die verbliebenen Bäume haben jetzt mehr Platz; und es kann sich reichhaltigere Bodenvegetation entwickeln als zuvor. Außerdem haben wir Lichtungen geschaffen und lassen tote Bäume stehen.«

Jo O'Hara, die Chefin der Forstbehörde in Edinburgh, ist voll des Lobes für private Initiativen wie den *National Trust for Scotland*. Sie seien wichtige Partner der Aufforstung. Bis 2050 sollen ja 25 Prozent Schottlands mit Wald bedeckt sein. In England und Wales sind es heute zehn, auf dem europäischen Festland 37 Prozent.

Tödliche Pilze, die der Klimawandel bringt

Die Chefin der Forstbehörde und ihre Mitstreiter haben aber auch große Sorgen – ausgelöst, zum Teil, durch den Klimawandel, der die schottischen Sommer immer wärmer und die Winter immer milder werden lässt. George Anderson vom *Woodland Trust* sorgt sich vor allem um die Lebensräume für unterschiedliche Tier- und Pflanzenarten. Das schottische Schneehuhn, erklärt er mir, lebe im Cairngorms-Nationalpark. »Es bekommt weiße Federn im Winter; und man sieht es gar nicht, wenn Schnee liegt. Jetzt aber, da meist kein Schnee liegt, sehen

Abb. 79: **Chefin der Forstbehörde** – Jo O'Hara plädiert für möglichst viel »multifunktionalen Wald« in Schottland.

wir Schneehühner auf den lehmbraunen Gipfeln der Berge herumlaufen. Wenn es ihnen auch dort zu warm wird, haben sie keine Option mehr.«

Jo O'Haras größte Sorge ist, dass immer mehr Bäume von Schädlingen befallen werden: Insekten bedrohen – wie in Deutschland der Borkenkäfer – die eigentlich robusten Fichten. Noch gefährlicher sind Pilzerkrankungen: Das aus den USA eingeschleppte Ulmensterben hat schon 90 Prozent der schottischen Ulmen vernichtet; nur im Norden gibt es noch intakte Ulmen. Eine andere Pilzerkrankung befällt seit fünf Jahren Eschen – einen in Schottland weitverbreiteten Baum, aus dem sich wunderschöne Möbel herstellen lassen. Die Holzindustrie sei extrem besorgt, berichtet Jo O'Hara – zumal seit kurzem eine dritte Pilzerkrankung Lärchen befällt – einen Baum, der zwar nicht einheimisch ist, aber gutes Bauholz liefert.

Multifunktionale Wälder

Ihre Behörde habe heute, sagt sie dann, keineswegs nur die Produktion von Nutzholz im Auge, sondern auch den Erholungswert der Wälder,

Biodiversität als Schutz gegen Baumkrankheiten und Schädlinge – und den Klimaschutz. Wer heute Wälder pflanze, müsse neben wirtschaftlichen auch ökologische und soziale Aspekte berücksichtigen. Nur dann bekomme er etwas von den jährlich 40 Millionen Pfund staatlicher Baumpflanzprämien. Zu einem guten Teil müssen einheimische Laubbäume gepflanzt werden; ein Fünftel der Fläche muss für Lichtungen reserviert bleiben; Lebensräume von Waldtieren und Vögeln sowie Torfmoore sind zu schützen.

Nur auf der Hälfte der Fläche dürften reine Nutzbäume wie Fichten wachsen, sagt Jo O'Hara und spricht von multifunktionalen Wäldern. »Ich unterscheide nicht gern zwischen produktivem Wald und natürlich wachsendem Wald, der Biodiversität bewahrt. Nein, wir können beides im selben Wald umsetzen. Und die meisten in Schottland neugepflanzten Wälder werden multifunktional sein.«

»Wood that pays is wood that stays«

Holz verkörpere die Zukunft – auch im Bauwesen, meint O'Hara. Die Menschheit könne nicht länger immer mehr Zement und Stahl produzieren und so immer mehr klimaschädliche Gase in die Atmosphäre blasen. »Wir müssen mit Holz aus unseren Wäldern bauen. Große Mengen Kohlendioxid bleiben dann in diesem Holz gespeichert. Und der nachwachsende Wald speichert weiteres CO_2. Das halte ich für absolut notwendig.«

Die Holzwirtschaft in Schottland ist noch ein recht kleiner Sektor mit zuletzt 30.000 Arbeitsplätzen. Aber der Sektor wächst. Holzskelettbau ist in Schottland weit stärker verbreitet als bei uns; das Mobiliar vieler öffentlicher Einrichtungen wie der Flughafen-Wartehalle in Edinburgh besteht aus Holz; in den nächsten zehn Jahren soll sich der Beitrag der Forst- und Holzindustrie zur schottischen Wirtschaft verdoppeln. »Wood that pays is wood that stays«, zitiert die Leiterin der Forstbehörde den Cambridger Forstwissenschaftler Oliver Rackham.

Patrick Baxter und die Liebe zum Holz

An meinem letzten Tag in Schottland besuche ich, 30 Kilometer nördlich von Edinburgh, Patrick Baxter – einen zartgliedrigen Mann mit melan-

Abb. 80: **Holzliebhaber** – Am bullernden Ofen seiner Werkstatt spielt Patrick Baxter Mandoline und baut Möbel für Generationen.

cholischem Blick, der wie sein Vater Rechtsanwalt werden wollte, dann aber seiner Liebe zu Bäumen und Holz erlag. Patrick kauft Hartholzbäume aus einheimischen Wäldern, die er in Scheiben zersägt, jahrelang trocknet und dann zu Möbeln verbaut oder als Möbelholz verkauft.

Der Schreiner zeigt mir eine auf Latten liegende, phantastisch gemaserte Scheibe Ulmenholz aus der Umgebung der Stadt Dundee. Daneben ein Stück Eibenholz mit faszinierenden Farbschattierungen zwischen orange und lila. »Es stammt von einem alten Baum, der in der Nähe des Loch Lomond stand, des schönsten Sees Schottlands. Diese Eibe musste gefällt werden – wegen einer Wurzelerkrankung. Überhaupt kaufe ich möglichst nur Bäume, die abgestorben oder umgefallen sind. Es ist schade, wenn so ein Baumleben zu Ende geht. Aber zumindest kann der Baum uns Menschen noch Freude bereiten, wenn wir ihn zu Möbeln verarbeiten.«

Patrick Baxters Werkstatt ist eher ein Atelier – mit nicht nur sauber sortiertem Werkzeug, sondern auch Mandolinen und Banjos an den Wänden. »Die Werkstatt ist für mich eine Art Höhle, wo ich mich am bullernden Ofen entspannen kann. Ab und zu sitze ich hier mit Freunden; wir trinken etwas und machen gemeinsam Musik.«

»Wenn ich ein Möbelstück baue«, sagt Patrick versonnen, »stelle ich mir gern vor, dass es auch in 200 Jahren noch existiert. Ich habe so viele Stücke hergestellt in den letzten 30 Jahren – Stücke, die jetzt vielleicht als Erbstücke von einer Generation an die nächste weitergereicht werden.«

Aus einem kleinen Bücherschrank neben dem Werkstattofen zieht Patrick Baxter einen edel gebundenen Bildband: *Heritage Trees of Scotland*. »Auf dem Titelbild sehen Sie die *Covenanter's Oak* – eine Eiche, der das Buch zwei Seiten widmet. Dieser Baum soll Mitte des zwölften Jahrhunderts gepflanzt worden sein; er ist also mehr als 850 Jahre alt und hat die typische gedrungene Gestalt einer alten Eiche hierzulande. Der Stamm gliedert sich bereits in sehr geringer Höhe in mehrere dicke Äste auf. Und einer dieser Äste brach 2008 ab.«

Die uralte *Covenanter's Oak* steht nur wenige Kilometer von Patrick Werkstatt entfernt; und es gelang ihm, den abgebrochenen Ast zu erwerben. Sechs Jahre trocknete das Holz. Jetzt habe er davon noch ein paar zehn mal zehn Zentimeter starke Kanthölzer, sagt der Schreiner lächelnd und zieht aus einem Regal ein 50 Zentimeter langes Stück hellbraun gemaserter Eiche. »Ich werde wohl nie wieder so altes Holz in der Hand halten. Von diesem Stück säge ich jetzt für Sie eine Scheibe ab. Sie werden dann sehen, wie unglaublich dicht beieinander die Jahresringe liegen.

Mit einer Scheibe jahrhundertealtem Eichenholz in der Hand, verabschiede ich mich von Patrick Baxter – dankbar, mit einem Gefühl von Ehrfurcht und im beruhigenden Bewusstsein, dass, allen Bedrohungen zum Trotz, wieder viele Bäume nachwachsen in Schottland.

144

10. Klimagedanken IV: Städte

Zwei Drittel aller Menschen werden 2050 in Städten leben; es wird fast 50 Metropolen mit über zehn Millionen Einwohnern geben. Und: Zu 90 Prozent findet das Städte-Wachstums in Afrika und Asien statt.

Die großen Städte verbrauchen gigantische Mengen Erdöl, Kohle, Metalle, Textil- und Lebensmittelrohstoffe; sie konsumieren den Löwenanteil der jährlich produzierten zwei Milliarden Tonnen Stahl und vier Milliarden Tonnen Zement. China verbaute allein zwischen 2011 und 2013 um die Hälfte mehr Beton (6,6 Milliarden Tonnen) als die USA im gesamten 20. Jahrhundert (4,5 Milliarden Tonnen). Insgesamt stoßen Metropolen, die weniger als zwei Prozent der Erdoberfläche bedecken, 75 Prozent des Kohlendioxids aus.

Zu 40 Prozent unter dem Meeresspiegel

Städtische Industrie und städtischer Konsum sind also die bei weitem stärksten Triebkräfte des Klimawandels. Einen entsprechend hohen Preis dafür zahlen die Stadtbewohner: endlose Staus, Luftverschmutzung, giftige Abwässer, Trinkwasserkrisen, krasse soziale Gegensätze, Stress ohne Ende. In Dhaka, der Hauptstadt Bangladeschs, habe ich bisweilen kaum noch Luft bekommen und mich gefragt: Wie können Menschen hier leben?

Und der Klimawandel verschärft die Situation weiter: In von dichter Bebauung umgebenen Straßenschluchten staut sich immer drückendere Sommerhitze. Die meisten Großstädte, vor allem die Südostasiens, liegen an der Küste. Manche sind vom Anstieg des Meeresspiegels auch deshalb stark betroffen, weil ihre schwere Bebauung den Untergrund absacken lässt. Teile der Zehn-Millionen-Metropole Jakarta sind binnen zehn Jahren um zweieinhalb Meter abgesunken. 40 Prozent Jakartas liegen bereits unter dem Meeresspiegel.

Leben auf Stelzen im Meer

Am stärksten betroffen vom Klimawandel ist in den Metropolen die arme Bevölkerung, die vielfach mit großen Hoffnungen vom Dorf in die Stadt gezogen ist. Während sich Mittel- und Oberschichten in eingezäunten Wohlstandsenklaven verschanzen, leben heute zwei Milliarden Stadtbewohner weltweit in Slums aus Lehm, Brettern, Spanplatten, Wellblech und Brösel-Beton. Sie leben in Slums, sogenannten *informellen Siedlungen*, die die Verwaltung als illegal betrachtet und vernachlässigt: Die Versorgung mit Strom, Schulen, Gesundheitsdiensten und öffentlichem Nahverkehr ist miserabel.

Slums entstehen, wo noch ein wenig Platz ist, den die Besitzenden nicht beanspruchen: an Flussufern und -mündungen, an der Küste, oft sogar auf Stelzen im Meer, an steilen Abhängen, unter Starkstromleitungen. Das habe ich, ganz ähnlich, in vielen Metropolen Afrikas, Asiens und Südamerikas gesehen.

Trifft ein Unwetter die Stadt, werden Slums zuerst weggespült; 150 Millionen Slumbewohner haben keinen Zugang zu sauberem Trinkwasser, 750 Millionen keinen Zugang zu sanitären Anlagen. Kein Wunder, dass in den Armensiedlungen Afrikas und Asiens Krankheiten wie Cholera, Denguefieber, Malaria und Gelbfieber grassieren.

Deiche und (Zwangs-)Umsiedlungen

Wie schützen sich große Küstenstädte vor dem Meer, vor Taifunen und Starkregen? – Mangrovenwälder, die Sturm und Fluten einst bremsten, sind längst abgeholzt. Deshalb werden jetzt für viel Geld riesige Deiche und Schutzmauern errichtet, Pumpanlagen und Überlaufbecken.

Jakarta, zum Beispiel, will mit einem bis 2025 laufenden Großprojekt seine Küste sichern und zusätzlich Land gewinnen. Das, auch wegen der Zerstörung von Korallenriffen, umstrittene Programm kostet 40 Milliarden US-Dollar. Kernstück ist ein 32 Kilometer langer Deich, für den man 400.000 Menschen umsiedeln will.

Informelle Siedlungen, die großen Infrastruktur- und Klimaschutzprojekten wie dem in Jakarta im Wege stehen, werden regelmäßig und oft gewaltsam geräumt. Besitzen die besiedelten Flächen zudem kommerziellen Wert, rollen die Bulldozer noch schneller an.

Immer häufiger jedoch zeigt sich: Klimaschutzprojekte, die bis zu einem Drittel der Stadtbevölkerung ausschließen und zudem fast nur Symptome kurieren, funktionieren nicht dauerhaft.

Klimaschutz muss alle Bürger einbeziehen

Um die Metropolen der Erde tatsächlich an den Klimawandel anzupassen, bedarf es einer Stadtplanung und -entwicklung, die das Leben in der Stadt ökologisch tragbarer, weniger klimaschädlich, sozial verträglicher und insgesamt lebenswerter macht. Eine solche Politik skizziert, zum Beispiel, der *Wissenschaftliche Beirat der Bundesregierung Globale Umweltveränderungen* (WBGU):

– Städtischer Wohnraum sollte stärker verdichtet werden, um möglichst wenig Natur- und Agrarfläche zu verbrauchen.

– Grün- und Wasserflächen sowie Frischluftschneisen sollten die natürliche Luftzirkulation in der Stadt verbessern, damit die Atemluft weniger heiß, stickig, staubig und giftig ist.

– Statt Zement, das acht Prozent der globalen Kohlendioxid-Emissionen verursacht, sollten klimafreundliche Baustoffe wie Lehm, Holz und Bambus eingesetzt werden. Das begrenzt allerdings die mögliche Bauhöhe und verbraucht folglich mehr Fläche.

– Um den Verkehr in den Zentren großer Städte zu reduzieren, sollten sie »polyzentrisch« geplant werden – mit vielen kleinen Zentren für Industrie, Handel, Kultur, Verwaltung und soziales Miteinander. Auch das allerdings verbraucht zusätzliche Fläche.

– Damit Stadtverwaltungen sorgsamen Umgang mit knappen Flächen durchsetzen können, empfiehlt die *WBGU*, Bodenmärkte zu regulieren und so Spekulation zu verhindern.

– Und ganz wichtig: Städteplanung muss menschenwürdige Lebensbedingungen auch für ihre (heute noch) informellen Siedler im Auge haben. In Metropolen wie Manila ist das leichter gesagt als getan. Umso mehr Hoffnung wecken die kleinen Erfolge, die ich dort gesehen habe: Organisationen der Zivilgesellschaft, Verwaltung und Betroffene zeigen, dass städtischer Klimaschutz, der alle mitnimmt, möglich ist.

11 Bulldozer-Stopper

Abb. 81/82: **Wohnhäuser** – In kaum einer Stadt weltweit fallen soziale Unterschiede so krass ins Auge wie in Manila.

Wie Klimaschutz auch für Manilas Slumbewohner funktioniert

Glitschig moosige Felsen und halb verfaulte Holzpfähle ragen aus sumpfigem Watt; darauf reiht sich Hütte an Hütte aus Bambus und rostigem Wellblech; ein Gewirr von Stromkabeln und Wäscheleinen. Auf schwankenden Brettern und Bambuspfaden spielen Hunde und kleine Kinder – keine zwei Meter über im Schlick verrottendem Müll, in dem Ratten umher huschen.

Ich besuche Tagbilaran, eine Stadt von 100.000 Einwohnern auf der philippinischen Insel Bohol; die Region am Hafen, der unmittelbar an die Innenstadt grenzt. Hier ist Catalina Amarille zuhause – eine ältere Frau, die gerade zwei Enkeln bei den Hausaufgaben hilft.

»Ich will hier bleiben«

»Seit 35 Jahren lebe ich hier«, erzählt Catalina. »Meine vier Kinder sind auf diesen Brettern aufgewachsen; und wenn sie ins Wasser gefallen sind, habe ich sie wieder rausgezogen.« Ihr Leben sei mühsam, sagt die alte Frau nachdenklich um sich blickend. Es gebe Ratten, Schlangen und Kakerlaken; immer wieder ertränken Kinder im Schmutzwasser oder erlägen dem Denguefieber; zweimal hätten ihr Sturmfluten die gesamte Einrichtung fortgespült.

»Immerhin jedoch haben wir Strom, Wasser und ein betoniertes Plumpsklo«, sagt Catalina mit plötzlich sehr fester Stimme. »Und in der Nachbarschaft helfen wir einander, wann immer es nötig ist. Kurz, unser Leben ist gar nicht so schlecht; und ich will hierbleiben für den Rest meines Lebens – auch wenn die von der Stadtverwaltung sagen, das sei zu gefährlich.«

Catalina Amarille ist Witwe. Sie und ihre sechs Enkel leben von dem, was ihre alleinstehende Tochter als Verkäuferin in einem Supermarkt verdient. Schmutz gebe es nicht bei ihr, sagt Catalina und deutet auf ein Regal mit blinkendem Blechgeschirr. Aus ihrem im Schlick unter dem Haus versenkten Toilettentank aus Beton rieche es nicht; kürzlich habe sie einen Feuerlöscher gekauft; und jeden Tag müssten die Kinder duschen – unter dem an einem Schlauch hängenden Wasserhahn über der Toilette.

Die Ärmsten sind die ersten Opfer des Klimawandels

Über das Leben in Stelzensiedlungen wie der in Tagbilaran spreche ich in Manila mit Renato Constantino. Er leitet das *Institute for Climate and sustainable Cities* (ICSC). Die von Wissenschaftlern und Klima-Aktivisten getragene Initiative erforscht soziale Folgen des Klimawandels und insbesondere die Situation sogenannter *informeller Siedler*.

Während der Wissenschaftler in Unterlagen blättert, geht draußen ein Regenguss nieder, der binnen Minuten die Straße in einen reißenden Bach verwandelt. Informelle Siedler, erklärt Constantino, seien Menschen, die auf dem Land kein Auskommen mehr gefunden haben und deshalb in die Stadt gezogen sind. Dort sind die Chancen, Arbeit zu finden, besser, die Mieten und Grundstückspreise jedoch unerschwinglich für die Ärmsten. Deshalb siedeln die Landflüchtlinge dort,

Karte 7: Philippinen

wo noch Platz ist, den niemand beansprucht: im Watt vor der Meeresküste, an Flussufern, Steilhängen und Müllkippen.

In solchen Gegenden jedoch gibt es keine Infrastruktur wie Straßen, Strom, Wasser- und Abwasserleitungen oder Müllabfuhr. Hier investieren die Siedler in Wohnraum, aus dem sie jederzeit vertrieben werden können, folglich nur das Nötigste; und es entstehen Slums – Elendsviertel, die den Unbilden der Natur fast ungeschützt ausgesetzt sind. Die Ärmsten werden so zuerst Opfer des Klimawandels, der die Philippinen besonders stark trifft.

»In den nächsten Jahrzehnten wird die Situation noch viel schlimmer«, sagt Renato Constantino. »Und wir können nichts dagegen tun, weil die schädlichen Klimagase schon vor langer Zeit ausgestoßen wurden. Wir werden heftigere Taifune haben und mehr Überflutungen.«

Hinzu kämen schleichende Auswirkungen des Klimawandels: »Wir werden mehr Missernten haben, die die Ernährung unserer rasch wachsenden Städte gefährden. Jeder Anstieg des Meeresspiegels um zehn Zentimeter bedeutet für uns auf den Philippinen, dass unsere Küstenlinie um zehn Meter zurückweicht. Und tragischer Weise sind die meisten Menschen, die an der Küste leben, arm – und am wenigsten verantwortlich für die Probleme.«

13 Millionen, zumeist bitterarme, Klimaflüchtlinge bis zum Jahr 2050 sagt Constantino für die Philippinen voraus. Zehn Millionen Menschen dürften ihre Häuser infolge des Klimawandels verlieren – unter ihnen zahllose informelle Siedler, die nur mit viel Mühe ihren Alltag bewältigen.

Mühsal und Krankheit ...

Zum Glück seien ihre Enkel gesund, sagt in der Stelzensiedlung von Tagbilaran Catalina Amarille. Selten hätten sie Husten oder Durchfall; noch keins ihrer Enkelkinder habe Denguefieber gehabt.

Weniger gut geht es Catalinas Nachbarin Teresita Batas, die rastlos in ihrer Hütte auf und ab geht. »Mein Mann war 25 Jahre lang Lastenträger am Hafen«, sagt sie leise. »Jetzt putzt er im Büro des Gouverneurs – für 260 Pesos, fünf Euro, am Tag. Das ist nicht schlecht; aber leider darf er samstags und sonntags nicht arbeiten. Und ich kann nicht arbeiten, weil ich mich um meinen Sohn kümmern muss.«

Tränen fließen über Teresitas verhärmte Gesicht. Sie öffnet die Tür zu einem Verschlag in der Ecke der Hütte. Und das Licht ihrer Ta-

Abb. 83/85: **Wohnen auf Stelzen** – Millionen Stadtbewohner auf den Philippinen haben ihre prekären Unterkünfte in Flüssen und Seen oder im Meer errichtet.

Abb. 84/86: **Wohnen auf Stelzen** – Die Kinder der informellen Siedler spielen inmitten von Müll und Ratten.

schenlampe beleuchtet einen jungen Mann auf einer Bambusmatte, Oberkörper und Kopf bedeckt mit einer löchrigen Baumwolldecke. Vor acht Jahren sei Jaime krank geworden, sagt seine Mutter. »Er bekam eine Lungenentzündung; die griff auf sein Gehirn über; und er wurde nie wieder gesund. Fast den ganzen Tag lang liegt Jaime jetzt auf seinem Bett, döst vor sich hin; und wenn ich ihn füttern will, schlägt er manchmal um sich. Man könne nichts machen, sagen die Ärzte im Krankenhaus; man könne leider nichts machen.«

Während Teresita Batas die Tür zum Verschlag ihres Sohnes schließt, kommt Nachbarin Maria Obineta zu Besuch: »Einfach mal schauen, ob alles in Ordnung ist«, sagt die mütterlich wirkende Frau, deren fürsorgliches Lächeln und energiegeladenen Bewegungen eine ganz andere Atmosphäre in die Hütte zaubern. Man müsse, bei aller Mühsal des Lebens, versuchen, glücklich zu sein, sagt Maria leise.

... aber auch Erfolg und Glück

»Ich bin hier geboren – vor 36 Jahren«, erzählt sie. »Heute habe ich vier Kinder und einen fleißigen Mann. Er repariert Reifen, Abwasserrohre und sogar Mopeds für die gesamte Nachbarschaft. Und ich spare Geld dafür, dass wir irgendwann in ein ordentliches Haus ziehen können.«

»Das Leben hier ist schon eine Plage«, sagt Maria Obineta dann doch etwas bitterer lächelnd. »Da richtest du jahrelang deine Wohnung gemütlich ein; und binnen einer Stunde macht Dir ein Taifun alles zunichte. Nach dem Erdbeben hier am 15. Oktober 2013 stand die ganze Siedlung unter Wasser. Und meine aufgequollenen Möbel musste ich wegschmeißen.«

In der Hütte der Obinetas, der letzten an diesem wackligen Bambuspfad, ist das Wohnzimmer ähnlich penibel aufgeräumt wie bei Großmutter Catalina. Überall stehen von Glühbirnchen beleuchtete Heiligenschreine. Besonders stolz ist Maria auf ein Dutzend Medaillen, die sie auf einer Kommode ausgebreitet hat, sorgsam in durchsichtige Folie gehüllt.

»Meine vierzehnjährige Tochter Cathleen zählt zu den besten Sprinterinnen der Philippinen«, berichtet sie stolz. »Sie sehen ja die vielen Pokale und Medaillen, die sie schon gewonnen hat. Cathleen und unsere drei anderen Kinder gehen auf die besten Schulen der Stadt; sie haben gute Noten; und wenn ich, nach einem Tag Schufterei, unter dem

Balete-Baum dort drüben sitze, sage ich mir: ›Eigentlich bist du eine glückliche Frau – trotz all der Mühsal hier‹.«

»Unvertretbar große Gefahren«

Im Rathaus von Tagbilaran runzelt Stella Margate die Stirn. Die städtische Beauftragte für Stadtentwicklung sieht sich konfrontiert mit der schwierigen Lage von insgesamt 20.000 informellen Siedlern. Sorgen machen ihr vor allem die Menschen, die auf Stelzen im Watt leben. »Sie leben im Meer, in einer Gefahrenzone. Und jederzeit können ihre Hütten fortgespült werden – durch einen Tsunami oder Taifun; bei schweren Regenfällen oder einem Erdbeben. Kurz, das Wohnen direkt am oder sogar im Meer ist mit unvertretbar großen Gefahren verbunden.«

Es gibt, indes, auch andere Gründe, warum die informellen Siedler der Stadtverwaltung ein Dorn im Auge sind. Am Hafen wolle die Stadt eine Straße bauen, sagt Margate; einen Boulevard mit Einkaufsparadies. Etwas abseits soll eine Kläranlage entstehen, die die bis heute ungefiltert ins Meer fließenden Abwässer der Stadt reinigen soll. Vier, fünf Jahre dauere die Planung wohl noch; dann müssten die tausend informellen Siedler am Hafen weichen. Aber wohin?

Stella Margate zuckt mit den Schultern. Den Kauf teuren Baulands in der Stadt kann sie mit ihrem kargen Budget niemals stemmen. »Nur 40 Kilometer außerhalb der Stadt gibt es noch erschwingliches Land für hundert oder 200 Pesos, um die drei Euro, pro Quadratmeter.«

»Nein«, sagt in der Siedlung am Hafen Catalina Amarille. Sie wolle nicht in den Busch ziehen. »Unsere Familien leben seit 70 Jahren hier. Zusammen haben wir unsere Siedlung mit Toilettentanks ausgestattet und Wasserleitungen gelegt. Wir haben hier am Hafen unsere Arbeit. Und unsere Kinder gehen hier zur Schule. Im Busch hätten wir, außer vielleicht hübschen Häuschen, gar nichts.«

Desinteressierte Eliten

Hinter seinem Schreibtisch in Manila schimpft Klimaforscher Renato Constantino auf die Eliten der Philippinen. Für die seien informelle Siedler nichts als lästige *Squatter*, Landbesetzer, die mit Hütten und Müll Flussläufe verstopften und so Überflutungen verursachten. Den

Klimawandel und seine sozialen Implikationen hätten die Eliten und die Regierung allzu lange kaum zur Kenntnis genommen.

»In keiner seiner sechs Reden zur Lage der Nation erwähnte unser früherer Präsident, Benigno Aquino, den Klimawandel nur ein einziges Mal«, schimpft Constantino. »Unser aktueller Präsident Rodrigo Duterte dagegen sagte gleich in seiner ersten Rede, die Anpassung an den Klimawandel sei von vorrangiger Bedeutung für ihn und seine Regierung. Ich halte das für sehr wichtig. Und ausländische Medien sollten nicht nur die problematische Anti-Drogen-Kampagne Dutertes zur Kenntnis nehmen, sondern auch die Tatsache, dass seine Regierung den Klimaschutz deutlich energischer angeht als die letzte Regierung.«

24 Millionen – eingekesselt von Wasser

Die häufigen Überschwemmungen in Manila seien Folge von Klimawandel, unzulänglicher Stadtplanung und Umweltfreveln, erklärt mir im Konferenzsaal eines Bürohochhauses Joop Stoutjesdijk. Er ist Leiter

Abb. 87: **Nach dem Regen** – Schon nach einem kurzen Wolkenbruch stehen in Manila viele Straßen unter Wasser.

eines Programms der *Weltbank*, das den Großraum Manila an den Klimawandel anpassen soll.

Der Großraum besteht aus den zusammengeballten vier Großstädten Metro-Manilas sowie weiteren 14 Städten. Diese gewaltige Metropolregion mit 24 Millionen Einwohnern erwirtschaftet 80 Prozent des Sozialprodukts der Philippinen. Und sie liegt, zu einem großen Teil, eingezwängt zwischen dem Indischen Ozean und dem *Laguna de Bay*. Das sei höchst gefährlich, sagt der *Weltbank*-Ingenieur und lässt mich an seinem hydrologischen Detailwissen teilhaben:

Der *Laguna de Bay*, der größte See der Philippinen, wird gespeist von 21 Flüssen, die in den Bergen der Insel Luzon entspringen. Weil die Berge jedoch weitgehend abgeholzt sind, tragen die Flüsse bei starkem Regen überaus schnell viel Wasser und viele Sedimente in den See. Der ist deshalb stark versandet und vielerorts nur noch zwei Meter tief. Dies wiederum bedeutet, dass häufig viel Wasser auch in den Pasig fließt – in den Fluss, der den *Laguna de Bay* entwässert und mitten durch Manila zum Ozean fließt; gespeist zusätzlich von hunderten Nebenflüssen und Kanälen, den *Esteros*. All diese Wasserläufe treten nach starkem Regenfall über die Ufer und legen das Leben in der Stadt lahm. Eine weitere Ursache für Überschwemmungen sind Sturmfluten, oft im Gefolge von Taifunen. Das Wasser fließt dann vom Meer Richtung *Laguna de Bay*.

Baggern und Pumpen im Wettlauf mit dem Klimawandel

Immerhin hat die Verwaltung Manilas das Überflutungsproblem in den letzten Jahrzehnten mildern können. Der vor 30 Jahren gebaute und 47 Kilometer lange *Manggahan*-Kanal entlastet bei Bedarf den Pasig, indem er dessen Nebenfluss Marikina in den See leitet. Und aus sämtlichen Wasserläufen wurde und wird viel Sand und Müll gebaggert. Das Wasser fließt jetzt schneller ab.

Das allerdings reiche nicht, meint Joop Stoutjesdijk. »Es gibt 140 Gebiete in der Stadt, Flächen mit je 50 bis 200 Hektar, die unter dem Meeresspiegel liegen«, erklärt er mir. »Dort fließt das as Wasser während der Regenzeit nicht von alleine ab.« Um dieses Problem in den Griff zu bekommen, seien schon Dutzende Pumpstationen installiert worden. »Die aber sind fast alle überaltert; sie funktionieren nicht richtig; ihre Kapazität könnte dreimal höher sein. Kurz, eine Modernisierung ist dringend vonnöten.«

Dabei, erfahre ich, sei die Überschwemmung der unter dem Meeresspiegel liegenden Gebiete in der Regel gar nicht einmal gefährlich. »Das Wasser steht dort nicht plötzlich drei, vier Meter, sondern vielleicht einen halben Meter hoch.»Das aber hindert bereits hunderttausende Menschen daran, ihrer Arbeit nachzugehen; und Tausende Geschäfte müssen schließen.« Deshalb würden die zumeist armen Menschen, die in den tief liegenden Gebieten leben, immer ärmer. Und ihre Lage werde sich weiter verschärfen, wenn die Pumpstationen nicht vergrößert und modernisiert werden, sagt Joop Stoutjesdijk. Für 2050 erwartet die *Weltbank* Regenfälle mit einer, im Schnitt, um 20 Prozent höheren Intensität als heute.

Insgesamt acht Milliarden US-Dollar will die Bank bis Anfang der 2030er Jahre aufwenden, um der Bedrohung zu begegnen: mit Pumpanlagen, der Reinigung von Flüssen und Kanälen sowie der Befestigung des *Laguna de Bay*; mit Frühwarnsystemen, die auf bevorstehende Überschwemmungen hinweisen, und Umsiedlungen.

Doppelt bedroht

Für viele der drei Millionen informellen Siedler Metro-Manilas verkörpere das Klimaschutzprogramm der *Weltbank* zunächst einmal eine Bedrohung, gibt der Ingenieur zu. Sie seien bedroht von Überflutungen und zugleich von Maßnahmen dagegen. »Siedlungen auf Stelzen nämlich verstopfen die Wasserläufe und verschärfen so Überflutungen. Sie müssen deshalb weg.«

Dies auch wegen des Mülls aus den Slums, der die Wasserläufe zusätzlich verstopft. In Manila werden zwar 80 Prozent des Haushaltsmülls gesammelt; an die verbleibenden 20 Prozent aber, die von informellen Siedlungen produziert werden, kommen Lastwagen und Karren nur schwer heran. Vor allem deshalb werfen viele informelle Siedler ihren Müll ins Wasser.

Um die *Esteros* frei zu bekommen, machte die Stadtverwaltung Manilas denn auch jahrelang oft kurzen Prozess: Sie räumte Siedlungen, wenn die Bewohner nicht freiwillig gingen, zwangsweise – zum Beispiel am *Manggahan*-Kanal, wo der Taxifahrer Edwin Manango bis 2011 lebte.

»Die Stadtverwaltung schickte Bulldozer und Feuerwehrleute, die mit Vorschlaghämmern unsere Hütten zertrümmerten«, berichtet Edwin. »Mit einer Menschenkette versuchten wir, ihnen den Weg zu versperren. Aber wir hatten keine Chance gegen die Hochdruckschläuche der

Abb. 88/89: **Arbeitswelten in Metro Manila** – Angehörige der Ober- und Mittelschicht verdienen ihr Geld in klimatisierten Bürotürmen; informelle Siedler suchen auf Müllhalden nach Verwertbarem.

Feuerwehr und über hundert Polizisten, die mit Holzknüppeln auf uns einschlugen. Mich und einige andere zogen die Polizisten aus der Menschenkette heraus und legten uns Handschellen an. Wochenlang war danach meine Hand verstaucht; und am ganzen Körper hatte ich blaue Flecken. Am schlimmsten jedoch war, dass 200 Familien kein Dach mehr über dem Kopf hatten.«

In der Idylle aus der Retorte …

Aus der Sicht der Verwaltung stellte sich damals die Frage: Wohin mit den insgesamt mehreren tausend Zwangsgeräumten? Unterkünfte in Manila galten als zu teuer. Und so machten die Behörden Edwin Manango und den anderen Vertriebenen das Angebot, sie umzusiedeln – in die Stadt Montalban (heute Rodriguez), gelegen am Fuße der Sierra Madre östlich von Manila. Die Regierung würde den Menschen Häuser bauen; die Kredite dafür könnten sie über 30 Jahre abtragen. Tausend Familien, die keine Alternative sahen, nahmen das Angebot an.

Fünf Jahre später wirkt Montalbans neuer Stadtteil Southville wie eine Idylle. Die solide gebauten Häuschen entlang einer frisch geteerten Straße sind in frischen Farben gestrichen. Vor den Fassaden und unter den Fenstern wachsen in Tontöpfen Kräuter, Gemüse und Blumen; jedes zweite Haus beherbergt einen Kiosk; in der Vorschule tummeln sich rot-weiß uniformierte Kleinkinder.

… gibt es keine Arbeit

Die Idylle jedoch täusche, sagt mir Carmelita Arlos, eine Mutter von drei Kindern. »Ja, in unseren Hütten am *Manggahan*-Kanal war es feucht, unbequem und gefährlich. Aber wir hatten dort genug zu essen. Mein Mann war Portier in einem Hotel, ich sammelte Muscheln und verkaufte auf der Straße Kerzen. Das reichte für uns und die Kinder.«

Jetzt, im neuen gelben Häuschen, haben die Kinder ein eigenes Zimmer; die Mutter kocht mit Strom; ein noch junger Baum spendet ihr Schatten, wenn sie sich draußen auf ihrer Gartenbank ausruht; und doch ist sie unglücklich: »Hier in Montalban haben wir zwar ein schönes Haus, aber sonst nichts. Die Schule für die Kinder ist vier Kilometer entfernt; das Essen ist teuer; und Arbeit gibt es hier überhaupt nicht.«

Abb. 90: **Retortensiedlung** – In den Busch umgesiedelte Slumbewohner haben zwar ordentliche Häuser, Strom und Wasser; Jobs und Einkaufsmöglichkeiten aber gibt es hier kaum.

Carmelita verdient ein paar Pesos mit dem Verkauf von Bonbons, Kaugummi, Seife und Schnürsenkeln, die ihr Mann Pedro aus Manila mitbringt. »Pedro arbeitet Nachtschicht in einem Hotel in der Stadt. Abends um sieben fährt er weg, damit er von elf bis sieben Uhr früh arbeiten kann. Gegen Mittag kommt er dann heim, schläft ein paar Stunden und fährt wieder zur Arbeit, sechs Tage die Woche.« Eine Alternative sieht Carmelita Arlos, zumindest vorläufig, nicht: »Ein Schlafplatz in der Nähe des Hotels kostet 5.000 Pesos im Monat, das ist die Hälfte von Pedros Monatslohn.«

Häuser stehen leer

Ich mache einen Rundgang durch Southville – mit Francisco Fernandez, einem nachdenklich wirkenden älterer Herrn, der die Geschichte der Siedlung in- und auswendig kennt. Fernandez war früher Staatssekretär im Innenministerium und leitet heute eine Stiftung, die sozialen Wohnungsbau organisiert.

2010 habe die Regierung eine Milliarde Euro bereitgestellt, um insgesamt 100.000 Familien umzusiedeln, berichtet er. Diese Familien hatten an Wasserläufen und in anderen Gefahrenzonen Metro-Manilas gelebt; ihre Hütten hatten die Sanierung der Wasserläufe und somit den Schutz der Stadt vor den Folgen des Klimawandels behindert.

Die meisten dieser informellen Siedler wurden nach außerhalb der Stadt umgesiedelt – weitab oft von Schulen, Krankenhäusern und Arbeitsplätzen; weitab von ihrem, auf den Philippinen so wichtigen, Netzwerk aus Freunden und Verwandten.

Southville sei, wie so viele Umsiedlungsgebiete, ein reines Wohn- und Schlafviertel, sagt Fernandez. Auch die 400.000 Einwohner-Stadt Montalban liege zwar wunderschön im Grünen, biete aber kaum Jobs. Achselzuckend deutet Francisco Fernandez auf leerstehende Häuser. Die Rechte an solchen Häusern würden unter der Hand für ein- bis zweitausend Euro verkauft. Einige Wohlhabende spekulierten jetzt mit dem vom Staat teuer gebauten Wohnraum.

»Die Umsiedlung von Menschen vor die Tore von Metro-Manila mag kurzfristig billiger sein als deren Unterbringung in der Stadt«, sagt mir der frühere Staatssekretär. Langfristig jedoch sei eine solche Umsiedlung die teurere Lösung. Weil nämlich die Menschen so schnell wie möglich in die Stadt zurückkehren, würden viele Häuser und neue Siedlungen gar nicht genutzt. »Hier, in Southville, zum Beispiel, steht, sechs Jahre nach dem Bau, jedes zweite Haus leer. Und die Familien, die geblieben sind, haben kein Geld, ihren Kredit abzuzahlen. Der Staat bekommt seine Investitionen also nicht wieder herein.«

Die Vizepräsidentin kümmert sich

Francisco Fernandez ist befreundet mit Leni Robredo. Die gelernte An- wältin wurde 2012 – nach dem plötzlichen Tod ihres Mannes, des dama- ligen Innenministers – Politikerin. Seit 2016 ist sie Vizepräsidentin der Philippinen und war als Chefin des *Koordinationsrats für Wohnungsbau* zeitweise Wohnungsbauministerin unter Präsident Duterte. Leni Rob- redo war, als Mitarbeiterin einer lokalen Hilfsorganisation, lange auch Partnerin des deutschen katholischen Hilfswerks *Misereor*. Sie wirkt – inmitten einer Schar eher arrogant auftretender junger Assistenten – freundlich, bescheiden und überaus interessiert am Schicksal infor- meller Siedler.

Gleich nach ihrem Amtsantritt habe sie umgesiedelte Familien besucht, erzählt die Vizepräsidentin. »Ich erfuhr, dass mancherorts

Menschen, die vor sieben Jahren umgesiedelt wurden, bis heute keinen Wasseranschluss haben. Und ihre soziale Situation ist fürchterlich.«

Das habe sie, sagt Robredo, in einer Trabantenstadt mit 6.000 Bewohnern persönlich erlebt: »Die Häuser dort sind in Ordnung. Weil es aber keine Jobs gibt, sind die Männer zurückgegangen nach Manila, um dort zu arbeiten. Zahllose Familien sind deshalb zerbrochen; es kommt zu Teenager-Schwangerschaften und Selbstmorden von Kindern.« In der Regel komme der Mann noch eine Weile übers Wochenende heim. »Irgendwann aber kommt er nicht mehr, weil er eine neue Familie in Manila hat. Solche Familien sind dann die neuen informellen Siedler in der Stadt; und die Probleme an und auf den *Esteros* verschärfen sich erneut.«

Kein Wunder, dass Leni Robredo wenig davon hält, Menschen, die seit Jahrzehnten in Manila leben, in die Provinz umzusiedeln. Das funktioniere nicht. Die Vizepräsidentin und Präsident Duterte haben deshalb versprochen, dass es Zwangsräumungen ohne geordnete Umsiedlung nicht mehr geben soll; und sie haben ein Moratorium verhängt für Umsiedlungen aus Manila in die Provinz.

Ohne Kataster kein sozialer Wohnungsbau

Man müsse Wege finden, informelle Siedler legal in der Stadt unterzubringen, fordert Robredo. Sie verweist auf zahllose unbebaute Grundstücke in der Stadt – und auf den skandalösen Missstand, dass die Verwaltung bis heute keine Daten zur Flächennutzung in Manila besitze. Ordentliche Daten jedoch seien unverzichtbare Grundlage für neue Gesetze, mittels derer die Regierung privates Land für sozialen Wohnungsbau beschlagnahmen könnte.

Die Vizepräsidentin erwähnt auch das Gesetz über städtische Entwicklung und Wohnungsbau von 1992. Es schreibt Bauträgern vor, mindestens 20 Prozent der von ihnen errichteten Wohnungen dem sozialen Wohnungsbau zu widmen. Leider habe nie jemand dieses Gesetz durchgesetzt; und zu allem Überfluss sei der Bau von Sozialwohnungen in Manila auch technisch schwierig: Vielerorts ist der Untergrund so weich und nachgiebig, dass man dort keine (Platz sparenden) Hochhäuser bauen könne; auch der Betrieb von Aufzügen funktioniere im sozialen Wohnungsbau auf den Philippinen nicht.

»Nägel mit Köpfen«

Eine Verbündete im Kampf gegen Bürokratie und Korruption auf Kosten obdachsuchender Menschen hat Leni Robredo in Ana Oliveras. Die energische ältere Dame war bis vor kurzem Präsidentin der *Social Housing Finance Corporation* – einer staatliche Behörde und Bank für sozialen Wohnungsbau.

Oliveras, die mich in ihrem Büro drei Etagen unter dem der Vizepräsidentin empfangen hat, macht gern Nägel mit Köpfen. Sie hat sich, zum Beispiel, energisch dafür eingesetzt, dem Verwaltungsirrsinn beim Wohnungsbau ein Ende zu machen. »Laut einer Studie von 2012 benötigt eine Hausbesitzergemeinschaft 68 Genehmigungen, Lizenzen und Zertifikate von verschiedensten Behörden, um mit einem Projekt beginnen zu können. Und es dauert mindestens 18 Monate, diese Dokumente zusammen zu bekommen.« Viel vernünftiger, meint Ana Oliveras, sei es, das Verwaltungsverfahren bei einer Behörde zu bündeln. Die könne Details dann mit anderen Dienststellen abklären.

Gesagt, getan: »Meine Behörde, die *Social Housing Finance Corporation* (SHFC) ist seit kurzem federführende Genehmigungsbehörde für alle Menschen, denen sie Kredite gewährt. Die *SHFC* zahlt für die Antragsteller auch die Gebühren, um so die Korruption und so genannte extralegale Gebühren zurückzudrängen.«

Das späte Glück der Obnamias

Zu den Projekten, die die *Social Housing Finance Corporation* fördert, zählt eine gerade entstehende Siedlung am *Estero San Miguel*. In diesem ziemlich verschmutzten Pasig-Zufluss leben bis heute 200 Familien auf Stelzen. Drei Meter entfernt vom *Estero* jedoch stehen jetzt fünf schmucke, dreistöckige Gebäude; etliche weitere sind im Bau.

»Herzlich willkommen in unserer neuen Wohnung«, begrüßt mich im zweiten Stock eines Gebäudes Leo Obnamia, ein pensionierter Busfahrer. Leo ist stolz auf sein neues, hell und freundlich wirkendes Zuhause: 25 Quadratmeter mit Platz sparendem Hochbett, Wasseranschluss, separater Toilette und großen Fenstern.

Der Rentner und seine Frau Wilma haben schwere Zeiten hinter sich. »Das Haus, in dem wir bis vor kurzem lebten, war nichts als eine Hütte auf Stelzen«, erzählt Leo. »Einmal, 2011, war sie uns abgebrannt.

Damals aber hatten wir Siedler uns bereits zusammengeschlossen – zu einer Spargruppe. Und von unserem ersten Geld finanzierten wir den Wiederaufbau der abgebrannten Hütten.«

»Hier in unserer neuen Wohnung fühlen wir uns so viel besser als in unserer alten Hütte«, schwärmt Wilma. »Wir haben frische Luft; es stinkt nicht überall nach Müll und Fäkalien; und wir sind sicher hier. Dafür sind wir dem Sozialministerium und den Leuten von der Hilfsorganisation so dankbar.«

Hilfe aus Deutschland

Die Hilfsorganisation heißt *Urban Poor Associated* (UPA). Sie engagiert sich vor allem für das Menschenrecht auf Wohnung – unterstützt aus Deutschland von *Misereor*. Die ersten fünf Gebäude mit 21 Wohneinheiten seien ein Modellprojekt, erklärt *UPA*-Mitarbeiterin Princess Asuncion. Die Bewohner müssten für Grundstück und Gebäude nichts bezahlen; sie müssten nur 25 Jahre lang – als Hausbesitzergemeinschaft – die Ufer des *Estero* pflegen. Regelmäßig sammeln sie Müll; auch einige Bäumchen haben sie bereits gepflanzt. Demnächst sollen an die 200 bis heute im Kanal lebende Familien in ähnliche Häuser einziehen – ebenfalls zu recht günstigen Bedingungen.

»Für den Bau dieser Häuser gewährt die *Social Housing Finance Corporation* jeder Familie einen mit 0,6 Prozent verzinsten Kredit von 450.000 Pesos, rund 8.000 Euro«, sagt Princess Asuncion. »Diesen Kredit muss die Familie über 30 Jahre zurückzahlen: in Raten von anfangs 1.300 Pesos, 23 Euro, pro Monat, die pro Jahr um zehn Prozent steigen – bis zum 20. Jahr.

Beim Rundgang über den frisch gepflasterten Weg zwischen Häusern und *Estero* runzelt Princess die Stirn, als sie einen frisch errichteten Schuppen neben einem der Gebäude sieht – und Betten im Erdgeschoss des nächsten Gebäudes. »Das Erdgeschoss ist eigentlich für gewerbliche Zwecke gedacht – und als Flutpuffer, wenn der *Estero* über seine Ufer tritt. Wohnen sollten die Leute eigentlich nur im ersten und zweiten Stock. Die Organisation der Siedler aber sagt, sie brauche unbedingt auch den Platz unten – für weitere Familien.«

Abb. 91/92: **Erfolgreiche Klimaanpassung** – Wilma und Leo Obnamia haben jetzt eine komfortable Wohnung; im Estero San Miguel stehen keine Hütten auf Stelzen mehr.

166

Abb. 93/94: **In größerem Maßstab** – Am Manggahan-Kanal entsteht eine moderne Siedlung für fast tausend Familien, die früher auf Stelzen im Kanal wohnten.

»Der richtige Weg«

Der Bedarf an Wohnraum sei unendlich groß in Manila, hat mir *Weltbank*-Experte Joop Stoutjesdijk gesagt. Das Glück der 200 Familien am *Estero San Miguel* sei kaum zu überschätzen: Sie seien nun geschützt vor Vertreibung und extremem Wetter. Sie hätten jetzt ein echtes Zuhause, wie es sich Millionen in den Städten der Philippinen ersehnen.

Das ganze Projekt hätten die betroffenen Menschen selbst auf die Beine gestellt und geplant, lobt Stoutjesdijk die Siedler. Um Genehmigungen und Ausschreibungen habe sich die Hilfsorganisation *UPA* gekümmert. »Ich habe das Projekt mehrmals besucht: schöne, ordentliche Wohnungen von 20 bis 25 Quadratmetern, was den Filipinos reicht. Und die Bewohner stammen alle aus der Gegend. ›Braucht ihr keine zusätzlichen öffentlichen Einrichtungen?‹ habe ich sie mal gefragt. ›Nein‹, haben sie gesagt. ›Wir gehen weiter zur selben Gesundheitsstation wie früher; unsere Kinder gehen weiter zur selben Schule.‹ Das hat mich beeindruckt; und ich glaube, Projekte wie dieses in größerem Maßstab umzusetzen, ist der richtige Weg.«

Brandes & Apsel

Katja Maurer / Andrea Pollmeier

Jede Idee von einer postkolonialen Ordnung nimmt in Haiti ihren Ausgangspunkt. Indem Sklavinnen und Sklaven die Werte der Französischen Revolution auch für sich selbst durchsetzten und eine unabhängige Republik gründeten, hat die haitianische Revolution 1804 ein neues Kapitel in der Universalgeschichte aufgeschlagen. Die Ziele dieser Revolution sind bis heute unhintergehbar, werden in der Praxis jedoch systematisch verletzt.

Die politischen Konflikte in Haiti werfen heute bei aller Unterschiedlichkeit dieselben Fragen auf, die auch seit dem ägyptischen Aufstand auf dem Tahrir-Platz 2011 zur Debatte stehen: Die nach einem Leben in Würde für alle, in dem Anerkennung eines jeden eine Frage von sozialer Sicherheit, aber auch von demokratischer Teilhabe ist.

Ein Buch, das den Menschen Haitis eine Stimme gibt.

Die Autorinnen beschäftigen sich mit den Folgen internationaler Hilfsbemühungen, der Rolle der UNO und der internationalen Gebergemeinschaft sowie der strukturellen Gewalt, der ein Großteil der Bevölkerung kontinuierlich unterliegt. Die Autorinnen versuchen in einer Erzählweise, die der haitianischen Perspektive in Interviews, Essays und Hintergrundberichten bewusst Raum gibt, nicht nur den Gründen für das vielfältige Scheitern von Selbstbefreiung auf die Spur zu kommen, sondern auch den Zukunftshorizont eines würdigen Lebens aufzuzeigen. An Beispielen konkreten zivilgesellschaftlichen Engagements wird neben den krisenhaften Betrachtungen erkennbar, von welchen Kräften ein positiver Wandel ausgehen könnte.

Haitianische Renaissance

Der lange Kampf um postkoloniale Emanzipation

ca. 192 S., Pb. Großoktav
19,90 €
ISBN 978-3-95558-276-0

Brandes
&Apsel

Volker Manz
Food for Future!
Einstieg in eine klima-
gerechte, nachhaltige und
gesunde Ernährungsweise

144S., 15,5 x 23,5 cm,
Pb. Großoktav
14,90 €
ISBN 978-3-95558-274-6

Manz zeigt konsequent und detailliert auf, wie wir alle schon heute klimagerecht einkaufen, konsumieren, zubereiten und lustvoll speisen können.

Er beleuchtet zunächst die negative Realität unserer Nahrungsmittelproduktion und aktuellen Ernährungslage und erläutert, weshalb diese klimaschädlich, unökologisch, ungesund, unsozial und ressourcenvernichtend sind. Der Hauptteil beschreibt darauf aufbauend Maßnahmen, mit denen wir schon heute und ohne zusätzliche Kosten alle beginnen können, um den drohenden Untergang der planetaren Ökosysteme und des damit verbundenen menschlichen wie nichtmenschlichen Lebens abzuwenden.

Der Klimawandel zeigt sich am sichtbarsten in einem weltweiten Massensterben unterschiedlicher Lebensformen und der Zerstörung großräumiger Ökosysteme. In naher Zukunft werden wichtige Kipppunkte der Klimaentwicklung überschritten und spätestens dann wird auch die verursachende Spezies Mensch selbst massiv mit den negativen Folgen einer radikal veränderten Erdoberfläche konfrontiert sein.

Es ist daher unumgänglich, dieser existentiellen Bedrohung mit den unterschiedlichsten Vorgehensweisen entgegenzutreten. Tragischerweise sind die Eliten in Politik und Wirtschaft nach allen bisherigen Erfahrungen unfähig oder unwillig, das Notwendige zu tun. Es bleibt daher nichts anderes übrig, als die Transformation selbst von der Basis aus in die Hand zu nehmen.

Ein zentraler Angriffspunkt für individuell umsetzbare und zeitnah wirksame Gegenmaßnahmen stellt dabei die Ernährung dar. Manz zeigt auf beeindruckende Weise, was mit etwas gutem Willen schon heute verändert werden kann.

Martina Hahn / Frank Herrmann

Fair einkaufen

Das Handbuch
für fairen Konsum

6. erw., akt. u. überarb. Neuauflage
432 S., Pb. Großoktav
32,90 €
ISBN 978-3-95558-259-3

Fairer Konsum boomt. Er entspricht einer nahezu weltweiten Bewegung und Lebenseinstellung, die Konsum nicht verdammt, solange mit Herz und Verstand eingekauft wird.

Die Verbraucher wollen wissen, wo sie fair gehandelte Lebensmittel bekommen. In welchem Laden T-Shirts hängen, die nicht von Kindern zusammengenäht worden sind. Wo sie eine Reise buchen können, bei der auch das Zimmermädchen einen gerechten Lohn erhält. Oder woran sie erkennen können, welcher Investmentfonds wirklich nachhaltig anlegt.

Fair einkaufen – aber wie? Hier finden Verbraucher und Verbraucherinnen alles, um sich zurechtzufinden: ausführliche Hintergrundinfos über den Fairen Handel, über Faire Mode, Faire Geldanlagen, Faire Elektronik und Faires Reisen. Außerdem bietet das Buch jede Menge Adressen, Weblinks, Literaturempfehlungen und Einkaufstipps.

»Ein hilfreicher gradliniger Wegweiser durch den Einkaufsdschungel.« (Rudi Lindorfer, Südwind Magazin, Nov./Dez. 2019)

»Fairness ist kein Produkt. Fairness ist eine Beziehung. Dieses Buch bringt solche Beispiele. Es zeigt die Wahl, die wir alle haben.« (Vandana Shiva, Trägerin des Alternativen Nobelpreises)

»Der exzellente Ratgeber ist eine nützliche Handreichung für fairnessbewusste, ökosozial orientierte Verbraucher – und die, die es werden wollen.« (Publik Forum)

»Das kommt uns in die Tüte. Für den korrekten Kauf, der allen etwas bringt, gibt's jetzt Orientierung.« (taz, die tageszeitung)

Brandes & Apsel

Roland Apsel

Utopie der Planetarität

Herausforderungen für die Mittelschichten inmitten des Klimawandels

1. Aufl. 2019
208 S., 15,5 x 23,5 cm,
Pb. Großoktav
19,90 €
ISBN 978-3-95558-258-6

In diesem zornigen, soziologisch-ethnopsychoanalytisch orientierten Wissenschaftsessay bringe ich unsere Gesellschaft auf den Punkt. Dabei spare ich nicht mit subjektiven Erfahrungen, die jedoch gleichzeitig den Erkenntnisprozess vorantreiben. Ich räume mit liebgewonnenen theoretischen Argumentationssträngen auf, benenne die uns versklavenden, kapitalistischen Herrschaftsstrukturen, in denen wir selbst zu Sklaventreibern geworden sind: »no place to hide«.

Nachdem die Fallhöhe der Mittelschichten ausgelotet und ihr Handeln kritisiert ist, erst dann ist es möglich, eine Utopie der Planetarität als planetares Handeln, Denken und Fühlen zu entwerfen – und auf Leute zu hoffen, die den Ball aufnehmen, um darüber zu verhandeln, wie die Menschheit Planetarität solidarisch, demokratisch und als Vereinte Nationen auf der Basis der Menschenrechte wird leben können.

Einige Jahre nach der Jahrtausendwende entwickelten sich bei mir Gewaltphantasien in Bezug auf Denkstrukturen und Handlungspraxen, die einfach veraltet sind und in ihrer Destruktivität unermessliche Schäden als Konsequenz bereithalten, z.B. der Flugverkehr und die Autoindustrie, das Agrar- und Agrogentechnikbusiness und der militärisch-hegemoniale Industriekomplex mitsamt den dazugehörigen Finanzstrukturen, der medialen Aufbereitung und der politischen Kollaboration.

»Mit Recht und zeitnah, zugleich ›zornig, soziologisch, ethnopsychoanalytisch‹, entbirgt das Diskursbuch die Herausforderungen für die Mittelschicht inmitten des Klimawandels punktgenau. Der Autor wagt und fordert, in einer kühnen, manifestartigen Weise das Selbst zu erforschen.« (M. und W. Prankl, auf: kultur-punkt.ch)

Unsere Kataloge erhalten Sie kostenlos:
Brandes & Apsel Verlag • Scheidswaldstr. 22 • 60385 Frankfurt am Main
info@brandes-apsel.de • www.brandes-apsel.de
Fordern Sie unseren Newsletter kostenlos an:
newsletter@brandes-apsel.de